中华人民共和国
民法典

随身笔记

总则编 · 婚姻家庭编 · 继承编

含司法解释

中国法制出版社
CHINA LEGAL PUBLISHING HOUSE

出版说明

《中华人民共和国民法典》是新中国成立以来第一部以“法典”命名的法律，共 7 编、1260 条，是我国法律体系中条文最多、体量最大、编章结构最复杂的一部法律。民法典涉及经济社会生活方方面面，同人民群众生产生活密不可分，同各行各业发展息息相关。

为便于广大读者学习使用民法典总则编、婚姻家庭编、继承编及其配套司法解释，结合法条内容及阅读习惯，我们全新打造了民法典随身笔记系列，通过细节精心设计和合理编排，为广大读者带来全新的阅读体验，帮助读者轻松“啃”完大部头。

本书有八大亮点如下：

第一，软皮精装，双色印刷，设计精美，典雅实用。

第二，目录逐条收录法条序号及条旨，标明对应页码，便捷查询。

第三，条文序号、条旨与法条正文双栏排列，条文舒朗，字号适中，阅读体验更佳。

第四，注明条文主旨，概括法条精髓，快速把握法条内涵。

第五，遴选最新配套司法解释置于主法条之后，关联检索，一步到位。

第六，法条有多款规定的，逐款标注款号，方便查找。

第七，每页留白设计，便于读者批注点评，学习留痕。

第八，页眉设计年月日勾选栏，日学一“典”，轻松打卡。

我们将继续秉持专业出版之水准、打造精品之匠心，为读者学习使用民法典尽绵薄之力，望广大读者批评指正！

中国法制出版社

2021 年 6 月

目录

CONTENTS

总则编

第一章　基本规定

第1条　立法目的和依据……003
第2条　调整范围……003
第3条　民事权利及其他合法权益受法律保护……003
第4条　平等原则……003
第5条　自愿原则……003
第6条　公平原则……003
第7条　诚信原则……003
第8条　守法与公序良俗原则……004
第9条　绿色原则……004
第10条　处理民事纠纷的依据……004
第11条　特别法优先……004
第12条　民法的效力范围……004

第二章　自然人

第一节　民事权利能力和民事行为能力……006
第13条　自然人民事权利能力的起止时间……006

第 14 条　民事权利能力平等 006
第 15 条　出生和死亡时间的认定 006
第 16 条　胎儿利益保护 006
第 17 条　成年时间 006
第 18 条　完全民事行为能力人 008
第 19 条　限制民事行为能力的未成年人 008
第 20 条　无民事行为能力的未成年人 008
第 21 条　无民事行为能力的成年人 008
第 22 条　限制民事行为能力的成年人 008
第 23 条　非完全民事行为能力人的法定代理人 010
第 24 条　民事行为能力的认定及恢复 010
第 25 条　自然人的住所 010

第二节　监　护 012
第 26 条　父母子女之间的法律义务 012
第 27 条　未成年人的监护人 012
第 28 条　非完全民事行为能力成年人的监护人 012
第 29 条　遗嘱指定监护 014
第 30 条　协议确定监护人 014
第 31 条　监护争议解决程序 014
第 32 条　公职监护人 016
第 33 条　意定监护 016
第 34 条　监护职责及临时生活照料 016
第 35 条　履行监护职责应遵循的原则 018
第 36 条　监护人资格的撤销 018
第 37 条　监护人资格撤销后的义务 020
第 38 条　监护人资格的恢复 020

第 39 条 监护关系的终止 020

第三节 宣告失踪和宣告死亡 022

第 40 条 宣告失踪 022
第 41 条 下落不明的起算时间 022
第 42 条 财产代管人 022
第 43 条 财产代管人的职责 022
第 44 条 财产代管人的变更 022
第 45 条 失踪宣告的撤销 024
第 46 条 宣告死亡 024
第 47 条 宣告失踪与宣告死亡申请的竞合 024
第 48 条 死亡日期的确定 024
第 49 条 被宣告死亡人实际生存时的行为效力 026
第 50 条 死亡宣告的撤销 026
第 51 条 宣告死亡及其撤销后婚姻关系的效力 026
第 52 条 死亡宣告撤销后子女被收养的效力 026
第 53 条 死亡宣告撤销后的财产返还与赔偿责任 026

第四节 个体工商户和农村承包经营户 028

第 54 条 个体工商户 028
第 55 条 农村承包经营户 028
第 56 条 “两户”的债务承担 028

第三章 法 人

第一节 一般规定 030

第 57 条 法人的定义 030
第 58 条 法人的成立 030

第 59 条　法人的民事权利能力和民事行为能力 030
第 60 条　法人的民事责任承担 030
第 61 条　法定代表人 030
第 62 条　法定代表人职务行为的法律责任 032
第 63 条　法人的住所 032
第 64 条　法人的变更登记 032
第 65 条　法人登记的对抗效力 032
第 66 条　法人登记公示制度 032
第 67 条　法人合并、分立后的权利义务承担 032
第 68 条　法人的终止 034
第 69 条　法人的解散 034
第 70 条　法人解散后的清算 034
第 71 条　法人清算的法律适用 036
第 72 条　清算的法律效果 036
第 73 条　法人因破产而终止 036
第 74 条　法人的分支机构 036
第 75 条　法人设立行为的法律后果 038

第二节　营利法人 038

第 76 条　营利法人的定义和类型 038
第 77 条　营利法人的成立 038
第 78 条　营利法人的营业执照 038
第 79 条　营利法人的章程 038
第 80 条　营利法人的权力机构 038
第 81 条　营利法人的执行机构 040
第 82 条　营利法人的监督机构 040
第 83 条　出资人滥用权利的责任承担 040

第 84 条　利用关联关系造成损失的赔偿责任……042
第 85 条　营利法人出资人对瑕疵决议的撤销权……042
第 86 条　营利法人的社会责任……042

第三节　非营利法人……042

第 87 条　非营利法人的定义和范围……042
第 88 条　事业单位法人资格的取得……044
第 89 条　事业单位法人的组织机构……044
第 90 条　社会团体法人资格的取得……044
第 91 条　社会团体法人章程和组织机构……044
第 92 条　捐助法人……046
第 93 条　捐助法人章程和组织机构……046
第 94 条　捐助人的权利……046
第 95 条　公益性非营利法人剩余财产的处理……048

第四节　特别法人……048

第 96 条　特别法人的类型……048
第 97 条　机关法人……048
第 98 条　机关法人的终止……048
第 99 条　农村集体经济组织法人……048
第 100 条　合作经济组织法人……050
第 101 条　基层群众性自治组织法人……050

第四章　非法人组织

第 102 条　非法人组织的定义……052
第 103 条　非法人组织的设立程序……052
第 104 条　非法人组织的债务承担……052

第 105 条　非法人组织的代表人……052
第 106 条　非法人组织的解散……052
第 107 条　非法人组织的清算……054
第 108 条　非法人组织的参照适用规定……054

第五章　民事权利

第 109 条　一般人格权……056
第 110 条　民事主体的人格权……056
第 111 条　个人信息受法律保护……056
第 112 条　婚姻家庭关系等产生的人身权利……056
第 113 条　财产权受法律平等保护……056
第 114 条　物权的定义及类型……058
第 115 条　物权的客体……058
第 116 条　物权法定原则……058
第 117 条　征收与征用……058
第 118 条　债权的定义……058
第 119 条　合同之债……058
第 120 条　侵权之债……058
第 121 条　无因管理之债……058
第 122 条　不当得利之债……060
第 123 条　知识产权及其客体……060
第 124 条　继承权及其客体……060
第 125 条　投资性权利……060
第 126 条　其他民事权益……060
第 127 条　对数据和网络虚拟财产的保护……060
第 128 条　对弱势群体的特别保护……062
第 129 条　民事权利的取得方式……062

第 130 条　权利行使的自愿原则……062
第 131 条　权利人的义务履行……062
第 132 条　禁止权利滥用……062

第六章　民事法律行为

第一节　一般规定……064
第 133 条　民事法律行为的定义……064
第 134 条　民事法律行为的成立……064
第 135 条　民事法律行为的形式……064
第 136 条　民事法律行为的生效……064

第二节　意思表示……066
第 137 条　有相对人的意思表示的生效时间……066
第 138 条　无相对人的意思表示的生效时间……066
第 139 条　公告的意思表示的生效时间……066
第 140 条　意思表示的方式……066
第 141 条　意思表示的撤回……068
第 142 条　意思表示的解释……068

第三节　民事法律行为的效力……068
第 143 条　民事法律行为的有效条件……068
第 144 条　无民事行为能力人实施的民事法律行为……068
第 145 条　限制民事行为能力人实施的民事法律行为……070
第 146 条　虚假表示与隐藏行为效力……070
第 147 条　重大误解……070
第 148 条　欺诈……070
第 149 条　第三人欺诈……070

第 150 条　胁迫 072
第 151 条　乘人之危导致的显失公平 072
第 152 条　撤销权的消灭期间 072
第 153 条　违反强制性规定及违背公序良俗的民事法律行为的效力 072
第 154 条　恶意串通 074
第 155 条　无效或者被撤销民事法律行为自始无效 074
第 156 条　民事法律行为部分无效 074
第 157 条　民事法律行为无效、被撤销、不生效力的法律后果 074

第四节　民事法律行为的附条件和附期限 074

第 158 条　附条件的民事法律行为 074
第 159 条　条件成就或不成就的拟制 076
第 160 条　附期限的民事法律行为 076

第七章　代　理

第一节　一般规定 078

第 161 条　代理的适用范围 078
第 162 条　代理的效力 078
第 163 条　代理的类型 078
第 164 条　不当代理的民事责任 078

第二节　委托代理 080

第 165 条　授权委托书 080
第 166 条　共同代理 080
第 167 条　违法代理的责任承担 080
第 168 条　禁止自己代理和双方代理 080
第 169 条　复代理 080

第 170 条　职务代理……082
第 171 条　无权代理……082
第 172 条　表见代理……084

第三节　代理终止……084

第 173 条　委托代理的终止……084
第 174 条　委托代理终止的例外……084
第 175 条　法定代理的终止……086

第八章　民事责任

第 176 条　民事责任……088
第 177 条　按份责任……088
第 178 条　连带责任……088
第 179 条　民事责任的承担方式……088
第 180 条　不可抗力……090
第 181 条　正当防卫……090
第 182 条　紧急避险……090
第 183 条　因保护他人民事权益而受损的责任承担……092
第 184 条　紧急救助的责任豁免……092
第 185 条　英雄烈士人格利益的保护……092
第 186 条　违约责任与侵权责任的竞合……092
第 187 条　民事责任优先……092

第九章　诉讼时效

第 188 条　普通诉讼时效……094
第 189 条　分期履行债务诉讼时效的起算……094
第 190 条　对法定代理人请求权诉讼时效的起算……094

第 191 条　未成年人遭受性侵害的损害赔偿诉讼时效的起算 ……094
第 192 条　诉讼时效届满的法律效果 ……096
第 193 条　诉讼时效援用 ……096
第 194 条　诉讼时效的中止 ……096
第 195 条　诉讼时效的中断 ……096
第 196 条　不适用诉讼时效的情形 ……098
第 197 条　诉讼时效法定 ……098
第 198 条　仲裁时效 ……098
第 199 条　除斥期间 ……098

第十章　期间计算

第 200 条　期间的计算单位 ……100
第 201 条　期间的起算 ……100
第 202 条　期间结束 ……100
第 203 条　期间计算的特殊规定 ……100
第 204 条　期间法定或约定 ……100

相关司法解释链接

最高人民法院关于审理民事案件适用诉讼时效制度若干问题的规定 ……103
最高人民法院关于债务人在约定的期限届满后未履行债务而出具没有还款日期的欠款条诉讼时效期间应从何时开始计算问题的批复 ……109

婚姻家庭编

第一章　一般规定

第 1040 条　婚姻家庭编的调整范围 ……113

第 1041 条　婚姻家庭关系基本原则……113
第 1042 条　禁止的婚姻家庭行为……113
第 1043 条　婚姻家庭道德规范……113
第 1044 条　收养的原则……113
第 1045 条　亲属、近亲属与家庭成员……114

第二章　结　婚

第 1046 条　结婚自愿……116
第 1047 条　法定婚龄……116
第 1048 条　禁止结婚的情形……116
第 1049 条　结婚程序……116
第 1050 条　男女双方互为家庭成员……116
第 1051 条　婚姻无效的情形……116
第 1052 条　受胁迫婚姻的撤销……118
第 1053 条　隐瞒重大疾病的可撤销婚姻……118
第 1054 条　婚姻无效或被撤销的法律后果……118

第三章　家庭关系

第一节　夫妻关系……120
第 1055 条　夫妻平等……120
第 1056 条　夫妻姓名权……120
第 1057 条　夫妻人身自由权……120
第 1058 条　夫妻抚养、教育和保护子女的权利义务平等……120
第 1059 条　夫妻扶养义务……120
第 1060 条　夫妻日常家事代理权……120
第 1061 条　夫妻遗产继承权……122

第 1062 条　夫妻共同财产……122
第 1063 条　夫妻个人财产……122
第 1064 条　夫妻共同债务……122
第 1065 条　夫妻约定财产制……124
第 1066 条　婚内分割夫妻共同财产……124

第二节　父母子女关系和其他近亲属关系……126
第 1067 条　父母与子女间的抚养赡养义务……126
第 1068 条　父母教育、保护未成年子女的权利和义务……126
第 1069 条　子女尊重父母的婚姻权利及赡养义务……126
第 1070 条　遗产继承权……126
第 1071 条　非婚生子女权利……128
第 1072 条　继父母子女之间权利义务……128
第 1073 条　亲子关系异议之诉……128
第 1074 条　祖孙之间的抚养、赡养义务……128
第 1075 条　兄弟姐妹间扶养义务……130

第四章　离　婚

第 1076 条　协议离婚……132
第 1077 条　离婚冷静期……132
第 1078 条　婚姻登记机关对协议离婚的查明……132
第 1079 条　诉讼离婚……132
第 1080 条　婚姻关系的解除时间……134
第 1081 条　现役军人离婚……134
第 1082 条　男方提出离婚的限制情形……134
第 1083 条　复婚……136
第 1084 条　离婚后子女的抚养……136

第 1085 条　离婚后子女抚养费的负担……136
第 1086 条　探望子女权利……136
第 1087 条　离婚时夫妻共同财产的处理……138
第 1088 条　离婚经济补偿……138
第 1089 条　离婚时夫妻共同债务的清偿……138
第 1090 条　离婚经济帮助……138
第 1091 条　离婚损害赔偿……140
第 1092 条　一方侵害夫妻财产的处理规则……140

第五章　收　养

第一节　收养关系的成立……142
第 1093 条　被收养人的条件……142
第 1094 条　送养人的条件……142
第 1095 条　监护人送养未成年人的情形……142
第 1096 条　监护人送养孤儿的限制及变更监护人……142
第 1097 条　生父母送养子女的原则要求与例外……142
第 1098 条　收养人条件……144
第 1099 条　三代以内旁系同辈血亲的收养……144
第 1100 条　收养人收养子女数量……144
第 1101 条　共同收养……144
第 1102 条　无配偶者收养异性子女的限制……146
第 1103 条　收养继子女的特别规定……146
第 1104 条　收养自愿原则……146
第 1105 条　收养登记、收养协议、收养公证及收养评估……146
第 1106 条　收养后的户口登记……146
第 1107 条　亲属、朋友的抚养……148

第 1108 条　祖父母、外祖父母优先抚养权 148
第 1109 条　涉外收养 148
第 1110 条　保守收养秘密 148

第二节　收养的效力 150
第 1111 条　收养的效力 150
第 1112 条　养子女的姓氏 150
第 1113 条　收养行为的无效 150

第三节　收养关系的解除 150
第 1114 条　收养关系的协议解除与诉讼解除 150
第 1115 条　养父母与成年养子女解除收养关系 152
第 1116 条　解除收养关系的登记 152
第 1117 条　收养关系解除的法律后果 152
第 1118 条　收养关系解除后生活费、抚养费支付 152

相关司法解释链接
最高人民法院关于适用《中华人民共和国民法典》婚姻家庭编的解释（一） 155

继承编

第一章　一般规定

第 1119 条　继承编的调整范围 173
第 1120 条　继承权的保护 173
第 1121 条　继承的开始时间和死亡时间的推定 173

第 1122 条　遗产的范围……173
第 1123 条　法定继承、遗嘱继承、遗赠和遗赠扶养协议的效力……173
第 1124 条　继承和遗赠的接受和放弃……173
第 1125 条　继承权的丧失……174

第二章　法定继承

第 1126 条　继承权男女平等原则……176
第 1127 条　继承人的范围及继承顺序……176
第 1128 条　代位继承……176
第 1129 条　丧偶儿媳、女婿的继承权……178
第 1130 条　遗产分配规则……178
第 1131 条　酌情分得遗产权……178
第 1132 条　继承的处理方式……178

第三章　遗嘱继承和遗赠

第 1133 条　遗嘱处分个人财产……180
第 1134 条　自书遗嘱……180
第 1135 条　代书遗嘱……180
第 1136 条　打印遗嘱……180
第 1137 条　录音录像遗嘱……180
第 1138 条　口头遗嘱……182
第 1139 条　公证遗嘱……182
第 1140 条　作为遗嘱见证人的消极条件……182
第 1141 条　必留份……182
第 1142 条　遗嘱的撤回与变更……182
第 1143 条　遗嘱无效的情形……182
第 1144 条　附义务的遗嘱继承或遗赠……184

第四章　遗产的处理

第 1145 条　遗产管理人的选任……186

第 1146 条　法院指定遗产管理人……186

第 1147 条　遗产管理人的职责……186

第 1148 条　遗产管理人的责任……186

第 1149 条　遗产管理人的报酬……188

第 1150 条　继承开始的通知……188

第 1151 条　遗产的保管……188

第 1152 条　转继承……188

第 1153 条　遗产的确定……188

第 1154 条　按法定继承办理……190

第 1155 条　胎儿预留份……190

第 1156 条　遗产分割……190

第 1157 条　再婚时对所继承遗产的处分……190

第 1158 条　遗赠扶养协议……190

第 1159 条　遗产分割时的义务……192

第 1160 条　无人继承的遗产的处理……192

第 1161 条　限定继承……192

第 1162 条　遗赠与遗产债务清偿……192

第 1163 条　既有法定继承又有遗嘱继承、遗赠时的债务清偿……192

相关司法解释链接

最高人民法院关于适用《中华人民共和国民法典》继承编的解释（一）……195

民法典　总则编

第一章　基本规定

第二章　自然人

第一节　民事权利能力和民事行为能力

第二节　监　护

第三节　宣告失踪和宣告死亡

第四节　个体工商户和农村承包经营户

第三章　法　人

第一节　一般规定

第二节　营利法人

第三节　非营利法人

第四节　特别法人

第四章　非法人组织

第五章　民事权利

第六章　民事法律行为

第一节　一般规定

第二节　意思表示

第三节　民事法律行为的效力

第四节　民事法律行为的附条件和附期限

第七章　代　理

第一节　一般规定

第二节　委托代理

第三节　代理终止

第八章　民事责任

第九章　诉讼时效

第十章　期间计算

第一章　基本规定

第 1 条
立法目的和依据

为了保护民事主体的合法权益，调整民事关系，维护社会和经济秩序，适应中国特色社会主义发展要求，弘扬社会主义核心价值观，根据宪法，制定本法。

第 2 条
调整范围

民法调整平等主体的自然人、法人和非法人组织之间的人身关系和财产关系。

第 3 条
民事权利及其他合法权益受法律保护

民事主体的人身权利、财产权利以及其他合法权益受法律保护，任何组织或者个人不得侵犯。

第 4 条
平等原则

民事主体在民事活动中的法律地位一律平等。

第 5 条
自愿原则

民事主体从事民事活动，应当遵循自愿原则，按照自己的意思设立、变更、终止民事法律关系。

第 6 条
公平原则

民事主体从事民事活动，应当遵循公平原则，合理确定各方的权利和义务。

第 7 条
诚信原则

民事主体从事民事活动，应当遵循诚信原则，秉持诚实，恪守承诺。

第 8 条
守法与公序良俗原则

民事主体从事民事活动，不得违反法律，不得违背公序良俗。

第 9 条
绿色原则

民事主体从事民事活动，应当有利于节约资源、保护生态环境。

第 10 条
处理民事纠纷的依据

处理民事纠纷，应当依照法律；法律没有规定的，可以适用习惯，但是不得违背公序良俗。

第 11 条
特别法优先

其他法律对民事关系有特别规定的，依照其规定。

第 12 条
民法的效力范围

中华人民共和国领域内的民事活动，适用中华人民共和国法律。法律另有规定的，依照其规定。

MON TUE WED THU FRI SAT SUN

JAN FEB MAR APR MAY JUNE JULY AUG SEPT OCT NOV DEC

1 2 3 4 5 6 7 8 9 10 11 12 13 14 15 16 17 18 19 20 21 22 23 24 25 26 27 28 29 30 31

第二章 自然人

第一节 民事权利能力和民事行为能力

第13条
自然人民事权利能力的起止时间

自然人从出生时起到死亡时止，具有民事权利能力，依法享有民事权利，承担民事义务。

第14条
民事权利能力平等

自然人的民事权利能力一律平等。

第15条
出生和死亡时间的认定

自然人的出生时间和死亡时间，以出生证明、死亡证明记载的时间为准；没有出生证明、死亡证明的，以户籍登记或者其他有效身份登记记载的时间为准。有其他证据足以推翻以上记载时间的，以该证据证明的时间为准。

第16条
胎儿利益保护

涉及遗产继承、接受赠与等胎儿利益保护的，胎儿视为具有民事权利能力。但是，胎儿娩出时为死体的，其民事权利能力自始不存在。

第17条
成年时间

十八周岁以上的自然人为成年人。不满十八周岁的自然人为未成年人。

MON TUE WED THU FRI SAT SUN

JAN FEB MAR APR MAY JUNE JULY AUG SEPT OCT NOV DEC

1 2 3 4 5 6 7 8 9 10 11 12 13 14 15 16 17 18 19 20 21 22 23 24 25 26 27 28 29 30 31

第 18 条
完全民事行为能力人

❶ 成年人为完全民事行为能力人，可以独立实施民事法律行为。

❷ 十六周岁以上的未成年人，以自己的劳动收入为主要生活来源的，视为完全民事行为能力人。

第 19 条
限制民事行为能力的未成年人

八周岁以上的未成年人为限制民事行为能力人，实施民事法律行为由其法定代理人代理或者经其法定代理人同意、追认；但是，可以独立实施纯获利益的民事法律行为或者与其年龄、智力相适应的民事法律行为。

第 20 条
无民事行为能力的未成年人

不满八周岁的未成年人为无民事行为能力人，由其法定代理人代理实施民事法律行为。

第 21 条
无民事行为能力的成年人

❶ 不能辨认自己行为的成年人为无民事行为能力人，由其法定代理人代理实施民事法律行为。

❷ 八周岁以上的未成年人不能辨认自己行为的，适用前款规定。

第 22 条
限制民事行为能力的成年人

不能完全辨认自己行为的成年人为限制民事行为能力人，实施民事法律行为由其法定代理人代理或者经其法定代理人同意、追认；但是，可以独立实施纯获利益的民事法律行

MON TUE WED THU FRI SAT SUN

JAN FEB MAR APR MAY JUNE JULY AUG SEPT OCT NOV DEC

1 2 3 4 5 6 7 8 9 10 11 12 13 14 15 16 17 18 19 20 21 22 23 24 25 26 27 28 29 30 31

为或者与其智力、精神健康状况相适应的民事法律行为。

第23条
非完全民事行为能力人的法定代理人

无民事行为能力人、限制民事行为能力人的监护人是其法定代理人。

第24条
民事行为能力的认定及恢复

❶ 不能辨认或者不能完全辨认自己行为的成年人，其利害关系人或者有关组织，可以向人民法院申请认定该成年人为无民事行为能力人或者限制民事行为能力人。

❷ 被人民法院认定为无民事行为能力人或者限制民事行为能力人的，经本人、利害关系人或者有关组织申请，人民法院可以根据其智力、精神健康恢复的状况，认定该成年人恢复为限制民事行为能力人或者完全民事行为能力人。

❸ 本条规定的有关组织包括：居民委员会、村民委员会、学校、医疗机构、妇女联合会、残疾人联合会、依法设立的老年人组织、民政部门等。

第25条
自然人的住所

自然人以户籍登记或者其他有效身份登记记载的居所为住所；经常居所与住所不一致的，经常居所视为住所。

MON TUE WED THU FRI SAT SUN

JAN FEB MAR APR MAY JUNE JULY AUG SEPT OCT NOV DEC

1 2 3 4 5 6 7 8 9 10 11 12 13 14 15 16 17 18 19 20 21 22 23 24 25 26 27 28 29 30 31

第二节 监 护

第26条 父母子女之间的法律义务

❶ 父母对未成年子女负有抚养、教育和保护的义务。

❷ 成年子女对父母负有赡养、扶助和保护的义务。

第27条 未成年人的监护人

❶ 父母是未成年子女的监护人。

❷ 未成年人的父母已经死亡或者没有监护能力的，由下列有监护能力的人按顺序担任监护人：

（一）祖父母、外祖父母；

（二）兄、姐；

（三）其他愿意担任监护人的个人或者组织，但是须经未成年人住所地的居民委员会、村民委员会或者民政部门同意。

第28条 非完全民事行为能力成年人的监护人

无民事行为能力或者限制民事行为能力的成年人，由下列有监护能力的人按顺序担任监护人：

（一）配偶；

（二）父母、子女；

（三）其他近亲属；

（四）其他愿意担任监护人的个人或者组织，但是须经被监护人住所地的居民委员会、村民委员会或者民政部门同意。

MON TUE WED THU FRI SAT SUN

JAN FEB MAR APR MAY JUNE JULY AUG SEPT OCT NOV DEC

1 2 3 4 5 6 7 8 9 10 11 12 13 14 15 16 17 18 19 20 21 22 23 24 25 26 27 28 29 30 31

第 29 条
遗嘱指定监护

被监护人的父母担任监护人的，可以通过遗嘱指定监护人。

第 30 条
协议确定监护人

依法具有监护资格的人之间可以协议确定监护人。协议确定监护人应当尊重被监护人的真实意愿。

第 31 条
监护争议解决程序

❶对监护人的确定有争议的，由被监护人住所地的居民委员会、村民委员会或者民政部门指定监护人，有关当事人对指定不服的，可以向人民法院申请指定监护人；有关当事人也可以直接向人民法院申请指定监护人。

❷居民委员会、村民委员会、民政部门或者人民法院应当尊重被监护人的真实意愿，按照最有利于被监护人的原则在依法具有监护资格的人中指定监护人。

❸依据本条第一款规定指定监护人前，被监护人的人身权利、财产权利以及其他合法权益处于无人保护状态的，由被监护人住所地的居民委员会、村民委员会、法律规定的有关组织或者民政部门担任临时监护人。

❹监护人被指定后，不得擅自变更；擅自变更的，不免除被指定的监护人的责任。

MON TUE WED THU FRI SAT SUN

JAN FEB MAR APR MAY JUNE JULY AUG SEPT OCT NOV DEC

1 2 3 4 5 6 7 8 9 10 11 12 13 14 15 16 17 18 19 20 21 22 23 24 25 26 27 28 29 30 31

第 32 条
公职监护人

没有依法具有监护资格的人的，监护人由民政部门担任，也可以由具备履行监护职责条件的被监护人住所地的居民委员会、村民委员会担任。

第 33 条
意定监护

具有完全民事行为能力的成年人，可以与其近亲属、其他愿意担任监护人的个人或者组织事先协商，以书面形式确定自己的监护人，在自己丧失或者部分丧失民事行为能力时，由该监护人履行监护职责。

第 34 条
监护职责及临时生活照料

❶ 监护人的职责是代理被监护人实施民事法律行为，保护被监护人的人身权利、财产权利以及其他合法权益等。

❷ 监护人依法履行监护职责产生的权利，受法律保护。

❸ 监护人不履行监护职责或者侵害被监护人合法权益的，应当承担法律责任。

❹ 因发生突发事件等紧急情况，监护人暂时无法履行监护职责，被监护人的生活处于无人照料状态的，被监护人住所地的居民委员会、村民委员会或者民政部门应当为被监护人安排必要的临时生活照料措施。

MON TUE WED THU FRI SAT SUN
JAN FEB MAR APR MAY JUNE JULY AUG SEPT OCT NOV DEC
1 2 3 4 5 6 7 8 9 10 11 12 13 14 15 16 17 18 19 20 21 22 23 24 25 26 27 28 29 30 31

第 35 条
履行监护职责应遵循的原则

❶ 监护人应当按照最有利于被监护人的原则履行监护职责。监护人除为维护被监护人利益外，不得处分被监护人的财产。

❷ 未成年人的监护人履行监护职责，在作出与被监护人利益有关的决定时，应当根据被监护人的年龄和智力状况，尊重被监护人的真实意愿。

❸ 成年人的监护人履行监护职责，应当最大程度地尊重被监护人的真实意愿，保障并协助被监护人实施与其智力、精神健康状况相适应的民事法律行为。对被监护人有能力独立处理的事务，监护人不得干涉。

第 36 条
监护人资格的撤销

❶ 监护人有下列情形之一的，人民法院根据有关个人或者组织的申请，撤销其监护人资格，安排必要的临时监护措施，并按照最有利于被监护人的原则依法指定监护人：

（一）实施严重损害被监护人身心健康的行为；

（二）怠于履行监护职责，或者无法履行监护职责且拒绝将监护职责部分或者全部委托给他人，导致被监护人处于危困状态；

（三）实施严重侵害被监护人合法权益的其他行为。

❷ 本条规定的有关个人、组织包括：其他依

MON TUE WED THU FRI SAT SUN

JAN FEB MAR APR MAY JUNE JULY AUG SEPT OCT NOV DEC

1 2 3 4 5 6 7 8 9 10 11 12 13 14 15 16 17 18 19 20 21 22 23 24 25 26 27 28 29 30 31

法具有监护资格的人，居民委员会、村民委员会、学校、医疗机构、妇女联合会、残疾人联合会、未成年人保护组织、依法设立的老年人组织、民政部门等。

❸ 前款规定的个人和民政部门以外的组织未及时向人民法院申请撤销监护人资格的，民政部门应当向人民法院申请。

第 37 条
监护人资格撤销后的义务

依法负担被监护人抚养费、赡养费、扶养费的父母、子女、配偶等，被人民法院撤销监护人资格后，应当继续履行负担的义务。

第 38 条
监护人资格的恢复

被监护人的父母或者子女被人民法院撤销监护人资格后，除对被监护人实施故意犯罪的外，确有悔改表现的，经其申请，人民法院可以在尊重被监护人真实意愿的前提下，视情况恢复其监护人资格，人民法院指定的监护人与被监护人的监护关系同时终止。

第 39 条
监护关系的终止

❶ 有下列情形之一的，监护关系终止：

（一）被监护人取得或者恢复完全民事行为能力；

（二）监护人丧失监护能力；

（三）被监护人或者监护人死亡；

（四）人民法院认定监护关系终止的其他情形。

❷ 监护关系终止后，被监护人仍然需要监护的，应当依法另行确定监护人。

MON TUE WED THU FRI SAT SUN

JAN FEB MAR APR MAY JUNE JULY AUG SEPT OCT NOV DEC

1 2 3 4 5 6 7 8 9 10 11 12 13 14 15 16 17 18 19 20 21 22 23 24 25 26 27 28 29 30 31

第三节 宣告失踪和宣告死亡

第 40 条
宣告失踪

自然人下落不明满二年的，利害关系人可以向人民法院申请宣告该自然人为失踪人。

第 41 条
下落不明的起算时间

自然人下落不明的时间自其失去音讯之日起计算。战争期间下落不明的，下落不明的时间自战争结束之日或者有关机关确定的下落不明之日起计算。

第 42 条
财产代管人

❶ 失踪人的财产由其配偶、成年子女、父母或者其他愿意担任财产代管人的人代管。

❷ 代管有争议，没有前款规定的人，或者前款规定的人无代管能力的，由人民法院指定的人代管。

第 43 条
财产代管人的职责

❶ 财产代管人应当妥善管理失踪人的财产，维护其财产权益。

❷ 失踪人所欠税款、债务和应付的其他费用，由财产代管人从失踪人的财产中支付。

❸ 财产代管人因故意或者重大过失造成失踪人财产损失的，应当承担赔偿责任。

第 44 条
财产代管人的变更

❶ 财产代管人不履行代管职责、侵害失踪人财产权益或者丧失代管能力的，失踪人的利害关系人可以向人民法院申请变更财产代管人。

MON TUE WED THU FRI SAT SUN

JAN FEB MAR APR MAY JUNE JULY AUG SEPT OCT NOV DEC

1 2 3 4 5 6 7 8 9 10 11 12 13 14 15 16 17 18 19 20 21 22 23 24 25 26 27 28 29 30 31

❷ 财产代管人有正当理由的，可以向人民法院申请变更财产代管人。
❸ 人民法院变更财产代管人的，变更后的财产代管人有权请求原财产代管人及时移交有关财产并报告财产代管情况。

第 45 条
失踪宣告的撤销

❶ 失踪人重新出现，经本人或者利害关系人申请，人民法院应当撤销失踪宣告。
❷ 失踪人重新出现，有权请求财产代管人及时移交有关财产并报告财产代管情况。

第 46 条
宣告死亡

❶ 自然人有下列情形之一的，利害关系人可以向人民法院申请宣告该自然人死亡：
（一）下落不明满四年；
（二）因意外事件，下落不明满二年。
❷ 因意外事件下落不明，经有关机关证明该自然人不可能生存的，申请宣告死亡不受二年时间的限制。

第 47 条
宣告失踪与宣告死亡申请的竞合

对同一自然人，有的利害关系人申请宣告死亡，有的利害关系人申请宣告失踪，符合本法规定的宣告死亡条件的，人民法院应当宣告死亡。

第 48 条
死亡日期的确定

被宣告死亡的人，人民法院宣告死亡的判决作出之日视为其死亡的日期；因意外事件下落不明宣告死亡的，意外事件发生之日视为其死亡的日期。

MON TUE WED THU FRI SAT SUN

JAN FEB MAR APR MAY JUNE JULY AUG SEPT OCT NOV DEC

1 2 3 4 5 6 7 8 9 10 11 12 13 14 15 16 17 18 19 20 21 22 23 24 25 26 27 28 29 30 31

第 49 条
被宣告死亡人实际生存时的行为效力

自然人被宣告死亡但是并未死亡的，不影响该自然人在被宣告死亡期间实施的民事法律行为的效力。

第 50 条
死亡宣告的撤销

被宣告死亡的人重新出现，经本人或者利害关系人申请，人民法院应当撤销死亡宣告。

第 51 条
宣告死亡及其撤销后婚姻关系的效力

被宣告死亡的人的婚姻关系，自死亡宣告之日起消除。死亡宣告被撤销的，婚姻关系自撤销死亡宣告之日起自行恢复。但是，其配偶再婚或者向婚姻登记机关书面声明不愿意恢复的除外。

第 52 条
死亡宣告撤销后子女被收养的效力

被宣告死亡的人在被宣告死亡期间，其子女被他人依法收养的，在死亡宣告被撤销后，不得以未经本人同意为由主张收养行为无效。

第 53 条
死亡宣告撤销后的财产返还与赔偿责任

❶ 被撤销死亡宣告的人有权请求依照本法第六编取得其财产的民事主体返还财产；无法返还的，应当给予适当补偿。

❷ 利害关系人隐瞒真实情况，致使他人被宣告死亡而取得其财产的，除应当返还财产外，还应当对由此造成的损失承担赔偿责任。

MON TUE WED THU FRI SAT SUN

JAN FEB MAR APR MAY JUNE JULY AUG SEPT OCT NOV DEC

1 2 3 4 5 6 7 8 9 10 11 12 13 14 15 16 17 18 19 20 21 22 23 24 25 26 27 28 29 30 31

第四节　个体工商户和农村承包经营户

第 54 条
个体工商户

自然人从事工商业经营，经依法登记，为个体工商户。个体工商户可以起字号。

第 55 条
农村承包经营户

农村集体经济组织的成员，依法取得农村土地承包经营权，从事家庭承包经营的，为农村承包经营户。

第 56 条
“两户”的债务承担

❶ 个体工商户的债务，个人经营的，以个人财产承担；家庭经营的，以家庭财产承担；无法区分的，以家庭财产承担。

❷ 农村承包经营户的债务，以从事农村土地承包经营的农户财产承担；事实上由农户部分成员经营的，以该部分成员的财产承担。

MON TUE WED THU FRI SAT SUN
JAN FEB MAR APR MAY JUNE JULY AUG SEPT OCT NOV DEC
1 2 3 4 5 6 7 8 9 10 11 12 13 14 15 16 17 18 19 20 21 22 23 24 25 26 27 28 29 30 31

第三章　法　人

第一节　一般规定

第 57 条
法人的定义

法人是具有民事权利能力和民事行为能力，依法独立享有民事权利和承担民事义务的组织。

第 58 条
法人的成立

❶ 法人应当依法成立。

❷ 法人应当有自己的名称、组织机构、住所、财产或者经费。法人成立的具体条件和程序，依照法律、行政法规的规定。

❸ 设立法人，法律、行政法规规定须经有关机关批准的，依照其规定。

第 59 条
法人的民事权利能力和民事行为能力

法人的民事权利能力和民事行为能力，从法人成立时产生，到法人终止时消灭。

第 60 条
法人的民事责任承担

法人以其全部财产独立承担民事责任。

第 61 条
法定代表人

❶ 依照法律或者法人章程的规定，代表法人从事民事活动的负责人，为法人的法定代表人。

MON TUE WED THU FRI SAT SUN
JAN FEB MAR APR MAY JUNE JULY AUG SEPT OCT NOV DEC
1 2 3 4 5 6 7 8 9 10 11 12 13 14 15 16 17 18 19 20 21 22 23 24 25 26 27 28 29 30 31

❷ 法定代表人以法人名义从事的民事活动，其法律后果由法人承受。

❸ 法人章程或者法人权力机构对法定代表人代表权的限制，不得对抗善意相对人。

第 62 条
法定代表人职务行为的法律责任

❶ 法定代表人因执行职务造成他人损害的，由法人承担民事责任。

❷ 法人承担民事责任后，依照法律或者法人章程的规定，可以向有过错的法定代表人追偿。

第 63 条
法人的住所

法人以其主要办事机构所在地为住所。依法需要办理法人登记的，应当将主要办事机构所在地登记为住所。

第 64 条
法人的变更登记

法人存续期间登记事项发生变化的，应当依法向登记机关申请变更登记。

第 65 条
法人登记的对抗效力

法人的实际情况与登记的事项不一致的，不得对抗善意相对人。

第 66 条
法人登记公示制度

登记机关应当依法及时公示法人登记的有关信息。

第 67 条
法人合并、分立后的权利义务承担

❶ 法人合并的，其权利和义务由合并后的法人享有和承担。

❷ 法人分立的，其权利和义务由分立后的

MON TUE WED THU FRI SAT SUN
JAN FEB MAR APR MAY JUNE JULY AUG SEPT OCT NOV DEC
1 2 3 4 5 6 7 8 9 10 11 12 13 14 15 16 17 18 19 20 21 22 23 24 25 26 27 28 29 30 31

法人享有连带债权，承担连带债务，但是债权人和债务人另有约定的除外。

第 68 条
法人的终止

❶ 有下列原因之一并依法完成清算、注销登记的，法人终止：
（一）法人解散；
（二）法人被宣告破产；
（三）法律规定的其他原因。
❷ 法人终止，法律、行政法规规定须经有关机关批准的，依照其规定。

第 69 条
法人的解散

有下列情形之一的，法人解散：
（一）法人章程规定的存续期间届满或者法人章程规定的其他解散事由出现；
（二）法人的权力机构决议解散；
（三）因法人合并或者分立需要解散；
（四）法人依法被吊销营业执照、登记证书，被责令关闭或者被撤销；
（五）法律规定的其他情形。

第 70 条
法人解散后的清算

❶ 法人解散的，除合并或者分立的情形外，清算义务人应当及时组成清算组进行清算。
❷ 法人的董事、理事等执行机构或者决策机构的成员为清算义务人。法律、行政法规另有规定的，依照其规定。

MON TUE WED THU FRI SAT SUN

JAN FEB MAR APR MAY JUNE JULY AUG SEPT OCT NOV DEC

1 2 3 4 5 6 7 8 9 10 11 12 13 14 15 16 17 18 19 20 21 22 23 24 25 26 27 28 29 30 31

③清算义务人未及时履行清算义务，造成损害的，应当承担民事责任；主管机关或者利害关系人可以申请人民法院指定有关人员组成清算组进行清算。

第 71 条
法人清算的法律适用

法人的清算程序和清算组职权，依照有关法律的规定；没有规定的，参照适用公司法律的有关规定。

第 72 条
清算的法律效果

①清算期间法人存续，但是不得从事与清算无关的活动。

②法人清算后的剩余财产，按照法人章程的规定或者法人权力机构的决议处理。法律另有规定的，依照其规定。

③清算结束并完成法人注销登记时，法人终止；依法不需要办理法人登记的，清算结束时，法人终止。

第 73 条
法人因破产而终止

法人被宣告破产的，依法进行破产清算并完成法人注销登记时，法人终止。

第 74 条
法人的分支机构

①法人可以依法设立分支机构。法律、行政法规规定分支机构应当登记的，依照其规定。

②分支机构以自己的名义从事民事活动，产生的民事责任由法人承担；也可以先以该分支机构管理的财产承担，不足以承担的，由法人承担。

MON TUE WED THU FRI SAT SUN

JAN FEB MAR APR MAY JUNE JULY AUG SEPT OCT NOV DEC

1 2 3 4 5 6 7 8 9 10 11 12 13 14 15 16 17 18 19 20 21 22 23 24 25 26 27 28 29 30 31

第 75 条
法人设立行为的法律后果

❶ 设立人为设立法人从事的民事活动，其法律后果由法人承受；法人未成立的，其法律后果由设立人承受，设立人为二人以上的，享有连带债权，承担连带债务。

❷ 设立人为设立法人以自己的名义从事民事活动产生的民事责任，第三人有权选择请求法人或者设立人承担。

第二节　营利法人

第 76 条
营利法人的定义和类型

❶ 以取得利润并分配给股东等出资人为目的成立的法人，为营利法人。

❷ 营利法人包括有限责任公司、股份有限公司和其他企业法人等。

第 77 条
营利法人的成立

营利法人经依法登记成立。

第 78 条
营利法人的营业执照

依法设立的营利法人，由登记机关发给营利法人营业执照。营业执照签发日期为营利法人的成立日期。

第 79 条
营利法人的章程

设立营利法人应当依法制定法人章程。

第 80 条
营利法人的权力机构

❶ 营利法人应当设权力机构。

❷ 权力机构行使修改法人章程，选举或者更换执行机构、监督机构成员，以及法人章程规定的其他职权。

MON TUE WED THU FRI SAT SUN

JAN FEB MAR APR MAY JUNE JULY AUG SEPT OCT NOV DEC

1 2 3 4 5 6 7 8 9 10 11 12 13 14 15 16 17 18 19 20 21 22 23 24 25 26 27 28 29 30 31

第 81 条
营利法人的执行机构

❶ 营利法人应当设执行机构。

❷ 执行机构行使召集权力机构会议，决定法人的经营计划和投资方案，决定法人内部管理机构的设置，以及法人章程规定的其他职权。

❸ 执行机构为董事会或者执行董事的，董事长、执行董事或者经理按照法人章程的规定担任法定代表人；未设董事会或者执行董事的，法人章程规定的主要负责人为其执行机构和法定代表人。

第 82 条
营利法人的监督机构

营利法人设监事会或者监事等监督机构的，监督机构依法行使检查法人财务，监督执行机构成员、高级管理人员执行法人职务的行为，以及法人章程规定的其他职权。

第 83 条
出资人滥用权利的责任承担

❶ 营利法人的出资人不得滥用出资人权利损害法人或者其他出资人的利益；滥用出资人权利造成法人或者其他出资人损失的，应当依法承担民事责任。

❷ 营利法人的出资人不得滥用法人独立地位和出资人有限责任损害法人债权人的利益；滥用法人独立地位和出资人有限责任，逃避债务，严重损害法人债权人的利益的，应当对法人债务承担连带责任。

MON TUE WED THU FRI SAT SUN

JAN FEB MAR APR MAY JUNE JULY AUG SEPT OCT NOV DEC

1 2 3 4 5 6 7 8 9 10 11 12 13 14 15 16 17 18 19 20 21 22 23 24 25 26 27 28 29 30 31

第 84 条
利用关联关系造成损失的赔偿责任

营利法人的控股出资人、实际控制人、董事、监事、高级管理人员不得利用其关联关系损害法人的利益；利用关联关系造成法人损失的，应当承担赔偿责任。

第 85 条
营利法人出资人对瑕疵决议的撤销权

营利法人的权力机构、执行机构作出决议的会议召集程序、表决方式违反法律、行政法规、法人章程，或者决议内容违反法人章程的，营利法人的出资人可以请求人民法院撤销该决议。但是，营利法人依据该决议与善意相对人形成的民事法律关系不受影响。

第 86 条
营利法人的社会责任

营利法人从事经营活动，应当遵守商业道德，维护交易安全，接受政府和社会的监督，承担社会责任。

第三节　非营利法人

第 87 条
非营利法人的定义和范围

❶ 为公益目的或者其他非营利目的成立，不向出资人、设立人或者会员分配所取得利润的法人，为非营利法人。

❷ 非营利法人包括事业单位、社会团体、基金会、社会服务机构等。

MON TUE WED THU FRI SAT SUN

JAN FEB MAR APR MAY JUNE JULY AUG SEPT OCT NOV DEC

1 2 3 4 5 6 7 8 9 10 11 12 13 14 15 16 17 18 19 20 21 22 23 24 25 26 27 28 29 30 31

第 88 条
事业单位法人资格的取得

具备法人条件，为适应经济社会发展需要，提供公益服务设立的事业单位，经依法登记成立，取得事业单位法人资格；依法不需要办理法人登记的，从成立之日起，具有事业单位法人资格。

第 89 条
事业单位法人的组织机构

事业单位法人设理事会的，除法律另有规定外，理事会为其决策机构。事业单位法人的法定代表人依照法律、行政法规或者法人章程的规定产生。

第 90 条
社会团体法人资格的取得

具备法人条件，基于会员共同意愿，为公益目的或者会员共同利益等非营利目的设立的社会团体，经依法登记成立，取得社会团体法人资格；依法不需要办理法人登记的，从成立之日起，具有社会团体法人资格。

第 91 条
社会团体法人章程和组织机构

❶设立社会团体法人应当依法制定法人章程。

❷社会团体法人应当设会员大会或者会员代表大会等权力机构。

❸社会团体法人应当设理事会等执行机构。理事长或者会长等负责人按照法人章程的规定担任法定代表人。

MON TUE WED THU FRI SAT SUN

JAN FEB MAR APR MAY JUNE JULY AUG SEPT OCT NOV DEC

1 2 3 4 5 6 7 8 9 10 11 12 13 14 15 16 17 18 19 20 21 22 23 24 25 26 27 28 29 30 31

第 92 条
捐助法人

❶具备法人条件，为公益目的以捐助财产设立的基金会、社会服务机构等，经依法登记成立，取得捐助法人资格。

❷依法设立的宗教活动场所，具备法人条件的，可以申请法人登记，取得捐助法人资格。法律、行政法规对宗教活动场所有规定的，依照其规定。

第 93 条
捐助法人章程和组织机构

❶设立捐助法人应当依法制定法人章程。

❷捐助法人应当设理事会、民主管理组织等决策机构，并设执行机构。理事长等负责人按照法人章程的规定担任法定代表人。

❸捐助法人应当设监事会等监督机构。

第 94 条
捐助人的权利

❶捐助人有权向捐助法人查询捐助财产的使用、管理情况，并提出意见和建议，捐助法人应当及时、如实答复。

❷捐助法人的决策机构、执行机构或者法定代表人作出决定的程序违反法律、行政法规、法人章程，或者决定内容违反法人章程的，捐助人等利害关系人或者主管机关可以请求人民法院撤销该决定。但是，捐助法人依据该决定与善意相对人形成的民事法律关系不受影响。

MON TUE WED THU FRI SAT SUN
JAN FEB MAR APR MAY JUNE JULY AUG SEPT OCT NOV DEC
1 2 3 4 5 6 7 8 9 10 11 12 13 14 15 16 17 18 19 20 21 22 23 24 25 26 27 28 29 30 31

第 95 条
公益性非营利法人剩余财产的处理

为公益目的成立的非营利法人终止时，不得向出资人、设立人或者会员分配剩余财产。剩余财产应当按照法人章程的规定或者权力机构的决议用于公益目的；无法按照法人章程的规定或者权力机构的决议处理的，由主管机关主持转给宗旨相同或者相近的法人，并向社会公告。

第四节　特别法人

第 96 条
特别法人的类型

本节规定的机关法人、农村集体经济组织法人、城镇农村的合作经济组织法人、基层群众性自治组织法人，为特别法人。

第 97 条
机关法人

有独立经费的机关和承担行政职能的法定机构从成立之日起，具有机关法人资格，可以从事为履行职能所需要的民事活动。

第 98 条
机关法人的终止

机关法人被撤销的，法人终止，其民事权利和义务由继任的机关法人享有和承担；没有继任的机关法人的，由作出撤销决定的机关法人享有和承担。

第 99 条
农村集体经济组织法人

❶ 农村集体经济组织依法取得法人资格。
❷ 法律、行政法规对农村集体经济组织有规定的，依照其规定。

MON TUE WED THU FRI SAT SUN
JAN FEB MAR APR MAY JUNE JULY AUG SEPT OCT NOV DEC
1 2 3 4 5 6 7 8 9 10 11 12 13 14 15 16 17 18 19 20 21 22 23 24 25 26 27 28 29 30 31

第 100 条
合作经济组织法人

❶ 城镇农村的合作经济组织依法取得法人资格。

❷ 法律、行政法规对城镇农村的合作经济组织有规定的，依照其规定。

第 101 条
基层群众性自治组织法人

❶ 居民委员会、村民委员会具有基层群众性自治组织法人资格，可以从事为履行职能所需要的民事活动。

❷ 未设立村集体经济组织的，村民委员会可以依法代行村集体经济组织的职能。

MON TUE WED THU FRI SAT SUN

JAN FEB MAR APR MAY JUNE JULY AUG SEPT OCT NOV DEC

1 2 3 4 5 6 7 8 9 10 11 12 13 14 15 16 17 18 19 20 21 22 23 24 25 26 27 28 29 30 31

第四章　非法人组织

第 102 条
非法人组织的定义

❶ 非法人组织是不具有法人资格，但是能够依法以自己的名义从事民事活动的组织。

❷ 非法人组织包括个人独资企业、合伙企业、不具有法人资格的专业服务机构等。

第 103 条
非法人组织的设立程序

❶ 非法人组织应当依照法律的规定登记。

❷ 设立非法人组织，法律、行政法规规定须经有关机关批准的，依照其规定。

第 104 条
非法人组织的债务承担

非法人组织的财产不足以清偿债务的，其出资人或者设立人承担无限责任。法律另有规定的，依照其规定。

第 105 条
非法人组织的代表人

非法人组织可以确定一人或者数人代表该组织从事民事活动。

第 106 条
非法人组织的解散

有下列情形之一的，非法人组织解散：

（一）章程规定的存续期间届满或者章程规定的其他解散事由出现；

（二）出资人或者设立人决定解散；

（三）法律规定的其他情形。

MON TUE WED THU FRI SAT SUN

JAN FEB MAR APR MAY JUNE JULY AUG SEPT OCT NOV DEC

1 2 3 4 5 6 7 8 9 10 11 12 13 14 15 16 17 18 19 20 21 22 23 24 25 26 27 28 29 30 31

第 107 条
非法人组织的清算

非法人组织解散的，应当依法进行清算。

第 108 条
非法人组织的参照适用规定

非法人组织除适用本章规定外，参照适用本编第三章第一节的有关规定。

MON TUE WED THU FRI SAT SUN
JAN FEB MAR APR MAY JUNE JULY AUG SEPT OCT NOV DEC
1 2 3 4 5 6 7 8 9 10 11 12 13 14 15 16 17 18 19 20 21 22 23 24 25 26 27 28 29 30 31

第五章 民事权利

第 109 条
一般人格权

自然人的人身自由、人格尊严受法律保护。

第 110 条
民事主体的人格权

❶ 自然人享有生命权、身体权、健康权、姓名权、肖像权、名誉权、荣誉权、隐私权、婚姻自主权等权利。

❷ 法人、非法人组织享有名称权、名誉权和荣誉权。

第 111 条
个人信息受法律保护

自然人的个人信息受法律保护。任何组织或者个人需要获取他人个人信息的，应当依法取得并确保信息安全，不得非法收集、使用、加工、传输他人个人信息，不得非法买卖、提供或者公开他人个人信息。

第 112 条
婚姻家庭关系等产生的人身权利

自然人因婚姻家庭关系等产生的人身权利受法律保护。

第 113 条
财产权受法律平等保护

民事主体的财产权利受法律平等保护。

MON TUE WED THU FRI SAT SUN

JAN FEB MAR APR MAY JUNE JULY AUG SEPT OCT NOV DEC

1 2 3 4 5 6 7 8 9 10 11 12 13 14 15 16 17 18 19 20 21 22 23 24 25 26 27 28 29 30 31

第 114 条 物权的定义及类型

❶ 民事主体依法享有物权。

❷ 物权是权利人依法对特定的物享有直接支配和排他的权利，包括所有权、用益物权和担保物权。

第 115 条 物权的客体

物包括不动产和动产。法律规定权利作为物权客体的，依照其规定。

第 116 条 物权法定原则

物权的种类和内容，由法律规定。

第 117 条 征收与征用

为了公共利益的需要，依照法律规定的权限和程序征收、征用不动产或者动产的，应当给予公平、合理的补偿。

第 118 条 债权的定义

❶ 民事主体依法享有债权。

❷ 债权是因合同、侵权行为、无因管理、不当得利以及法律的其他规定，权利人请求特定义务人为或者不为一定行为的权利。

第 119 条 合同之债

依法成立的合同，对当事人具有法律约束力。

第 120 条 侵权之债

民事权益受到侵害的，被侵权人有权请求侵权人承担侵权责任。

第 121 条 无因管理之债

没有法定的或者约定的义务，为避免他人利益受损失而进行管理的人，有权请求受益人偿还由此支出的必要费用。

MON TUE WED THU FRI SAT SUN

JAN FEB MAR APR MAY JUNE JULY AUG SEPT OCT NOV DEC

1 2 3 4 5 6 7 8 9 10 11 12 13 14 15 16 17 18 19 20 21 22 23 24 25 26 27 28 29 30 31

第 122 条
不当得利之债

因他人没有法律根据，取得不当利益，受损失的人有权请求其返还不当利益。

第 123 条
知识产权及其客体

❶ 民事主体依法享有知识产权。

❷ 知识产权是权利人依法就下列客体享有的专有的权利：

（一）作品；

（二）发明、实用新型、外观设计；

（三）商标；

（四）地理标志；

（五）商业秘密；

（六）集成电路布图设计；

（七）植物新品种；

（八）法律规定的其他客体。

第 124 条
继承权及其客体

❶ 自然人依法享有继承权。

❷ 自然人合法的私有财产，可以依法继承。

第 125 条
投资性权利

民事主体依法享有股权和其他投资性权利。

第 126 条
其他民事权益

民事主体享有法律规定的其他民事权利和利益。

第 127 条
对数据和网络虚拟财产的保护

法律对数据、网络虚拟财产的保护有规定的，依照其规定。

MON TUE WED THU FRI SAT SUN

JAN FEB MAR APR MAY JUNE JULY AUG SEPT OCT NOV DEC

1 2 3 4 5 6 7 8 9 10 11 12 13 14 15 16 17 18 19 20 21 22 23 24 25 26 27 28 29 30 31

第 128 条 对弱势群体的特别保护

法律对未成年人、老年人、残疾人、妇女、消费者等的民事权利保护有特别规定的，依照其规定。

第 129 条 民事权利的取得方式

民事权利可以依据民事法律行为、事实行为、法律规定的事件或者法律规定的其他方式取得。

第 130 条 权利行使的自愿原则

民事主体按照自己的意愿依法行使民事权利，不受干涉。

第 131 条 权利人的义务履行

民事主体行使权利时，应当履行法律规定的和当事人约定的义务。

第 132 条 禁止权利滥用

民事主体不得滥用民事权利损害国家利益、社会公共利益或者他人合法权益。

MON TUE WED THU FRI SAT SUN

JAN FEB MAR APR MAY JUNE JULY AUG SEPT OCT NOV DEC

1 2 3 4 5 6 7 8 9 10 11 12 13 14 15 16 17 18 19 20 21 22 23 24 25 26 27 28 29 30 31

第六章 民事法律行为

第一节 一般规定

第133条
民事法律行为的定义

民事法律行为是民事主体通过意思表示设立、变更、终止民事法律关系的行为。

第134条
民事法律行为的成立

❶民事法律行为可以基于双方或者多方的意思表示一致成立，也可以基于单方的意思表示成立。

❷法人、非法人组织依照法律或者章程规定的议事方式和表决程序作出决议的，该决议行为成立。

第135条
民事法律行为的形式

民事法律行为可以采用书面形式、口头形式或者其他形式；法律、行政法规规定或者当事人约定采用特定形式的，应当采用特定形式。

第136条
民事法律行为的生效

❶民事法律行为自成立时生效，但是法律另有规定或者当事人另有约定的除外。

❷行为人非依法律规定或者未经对方同意，不得擅自变更或者解除民事法律行为。

MON TUE WED THU FRI SAT SUN
JAN FEB MAR APR MAY JUNE JULY AUG SEPT OCT NOV DEC
1 2 3 4 5 6 7 8 9 10 11 12 13 14 15 16 17 18 19 20 21 22 23 24 25 26 27 28 29 30 31

第二节 意思表示

第137条
有相对人的意思表示的生效时间

❶ 以对话方式作出的意思表示，相对人知道其内容时生效。

❷ 以非对话方式作出的意思表示，到达相对人时生效。以非对话方式作出的采用数据电文形式的意思表示，相对人指定特定系统接收数据电文的，该数据电文进入该特定系统时生效；未指定特定系统的，相对人知道或者应当知道该数据电文进入其系统时生效。当事人对采用数据电文形式的意思表示的生效时间另有约定的，按照其约定。

第138条
无相对人的意思表示的生效时间

无相对人的意思表示，表示完成时生效。法律另有规定的，依照其规定。

第139条
公告的意思表示的生效时间

以公告方式作出的意思表示，公告发布时生效。

第140条
意思表示的方式

❶ 行为人可以明示或者默示作出意思表示。

❷ 沉默只有在有法律规定、当事人约定或者符合当事人之间的交易习惯时，才可以视为意思表示。

MON TUE WED THU FRI SAT SUN

JAN FEB MAR APR MAY JUNE JULY AUG SEPT OCT NOV DEC

1 2 3 4 5 6 7 8 9 10 11 12 13 14 15 16 17 18 19 20 21 22 23 24 25 26 27 28 29 30 31

第 141 条
意思表示的撤回

行为人可以撤回意思表示。撤回意思表示的通知应当在意思表示到达相对人前或者与意思表示同时到达相对人。

第 142 条
意思表示的解释

❶ 有相对人的意思表示的解释，应当按照所使用的词句，结合相关条款、行为的性质和目的、习惯以及诚信原则，确定意思表示的含义。

❷ 无相对人的意思表示的解释，不能完全拘泥于所使用的词句，而应当结合相关条款、行为的性质和目的、习惯以及诚信原则，确定行为人的真实意思。

第三节　民事法律行为的效力

第 143 条
民事法律行为的有效条件

具备下列条件的民事法律行为有效：

（一）行为人具有相应的民事行为能力；

（二）意思表示真实；

（三）不违反法律、行政法规的强制性规定，不违背公序良俗。

第 144 条
无民事行为能力人实施的民事法律行为

无民事行为能力人实施的民事法律行为无效。

MON TUE WED THU FRI SAT SUN
JAN FEB MAR APR MAY JUNE JULY AUG SEPT OCT NOV DEC
1 2 3 4 5 6 7 8 9 10 11 12 13 14 15 16 17 18 19 20 21 22 23 24 25 26 27 28 29 30 31

第 145 条
限制民事行为能力人实施的民事法律行为

①限制民事行为能力人实施的纯获利益的民事法律行为或者与其年龄、智力、精神健康状况相适应的民事法律行为有效；实施的其他民事法律行为经法定代理人同意或者追认后有效。

②相对人可以催告法定代理人自收到通知之日起三十日内予以追认。法定代理人未作表示的，视为拒绝追认。民事法律行为被追认前，善意相对人有撤销的权利。撤销应当以通知的方式作出。

第 146 条
虚假表示与隐藏行为效力

①行为人与相对人以虚假的意思表示实施的民事法律行为无效。

②以虚假的意思表示隐藏的民事法律行为的效力，依照有关法律规定处理。

第 147 条
重大误解

基于重大误解实施的民事法律行为，行为人有权请求人民法院或者仲裁机构予以撤销。

第 148 条
欺诈

一方以欺诈手段，使对方在违背真实意思的情况下实施的民事法律行为，受欺诈方有权请求人民法院或者仲裁机构予以撤销。

第 149 条
第三人欺诈

第三人实施欺诈行为，使一方在违背真实意思的情况下实施的民事法律行为，对方知道或者应当知道该欺诈行为的，受欺诈方有权请求人民法院或者仲裁机构予以撤销。

MON TUE WED THU FRI SAT SUN

JAN FEB MAR APR MAY JUNE JULY AUG SEPT OCT NOV DEC

1 2 3 4 5 6 7 8 9 10 11 12 13 14 15 16 17 18 19 20 21 22 23 24 25 26 27 28 29 30 31

第 150 条
胁迫

一方或者第三人以胁迫手段，使对方在违背真实意思的情况下实施的民事法律行为，受胁迫方有权请求人民法院或者仲裁机构予以撤销。

第 151 条
乘人之危导致的显失公平

一方利用对方处于危困状态、缺乏判断能力等情形，致使民事法律行为成立时显失公平的，受损害方有权请求人民法院或者仲裁机构予以撤销。

第 152 条
撤销权的消灭期间

❶ 有下列情形之一的，撤销权消灭：

（一）当事人自知道或者应当知道撤销事由之日起一年内、重大误解的当事人自知道或者应当知道撤销事由之日起九十日内没有行使撤销权；

（二）当事人受胁迫，自胁迫行为终止之日起一年内没有行使撤销权；

（三）当事人知道撤销事由后明确表示或者以自己的行为表明放弃撤销权。

❷ 当事人自民事法律行为发生之日起五年内没有行使撤销权的，撤销权消灭。

第 153 条
违反强制性规定及违背公序良俗的民事法律行为的效力

❶ 违反法律、行政法规的强制性规定的民事法律行为无效。但是，该强制性规定不导致该民事法律行为无效的除外。

❷ 违背公序良俗的民事法律行为无效。

MON TUE WED THU FRI SAT SUN

JAN FEB MAR APR MAY JUNE JULY AUG SEPT OCT NOV DEC

1 2 3 4 5 6 7 8 9 10 11 12 13 14 15 16 17 18 19 20 21 22 23 24 25 26 27 28 29 30 31

第 154 条
恶意串通

行为人与相对人恶意串通，损害他人合法权益的民事法律行为无效。

第 155 条
无效或者被撤销民事法律行为自始无效

无效的或者被撤销的民事法律行为自始没有法律约束力。

第 156 条
民事法律行为部分无效

民事法律行为部分无效，不影响其他部分效力的，其他部分仍然有效。

第 157 条
民事法律行为无效、被撤销、不生效力的法律后果

民事法律行为无效、被撤销或者确定不发生效力后，行为人因该行为取得的财产，应当予以返还；不能返还或者没有必要返还的，应当折价补偿。有过错的一方应当赔偿对方由此所受到的损失；各方都有过错的，应当各自承担相应的责任。法律另有规定的，依照其规定。

第四节 民事法律行为的附条件和附期限

第 158 条
附条件的民事法律行为

民事法律行为可以附条件，但是根据其性质不得附条件的除外。附生效条件的民事法律行为，自条件成就时生效。附解除条件的民事法律行为，自条件成就时失效。

MON TUE WED THU FRI SAT SUN

JAN FEB MAR APR MAY JUNE JULY AUG SEPT OCT NOV DEC

1 2 3 4 5 6 7 8 9 10 11 12 13 14 15 16 17 18 19 20 21 22 23 24 25 26 27 28 29 30 31

第 159 条
条件成就或不成就的拟制

附条件的民事法律行为，当事人为自己的利益不正当地阻止条件成就的，视为条件已经成就；不正当地促成条件成就的，视为条件不成就。

第 160 条
附期限的民事法律行为

民事法律行为可以附期限，但是根据其性质不得附期限的除外。附生效期限的民事法律行为，自期限届至时生效。附终止期限的民事法律行为，自期限届满时失效。

MON TUE WED THU FRI SAT SUN

JAN FEB MAR APR MAY JUNE JULY AUG SEPT OCT NOV DEC

1 2 3 4 5 6 7 8 9 10 11 12 13 14 15 16 17 18 19 20 21 22 23 24 25 26 27 28 29 30 31

第七章 代 理

第一节 一般规定

第 161 条
代理的适用范围

❶民事主体可以通过代理人实施民事法律行为。

❷依照法律规定、当事人约定或者民事法律行为的性质，应当由本人亲自实施的民事法律行为，不得代理。

第 162 条
代理的效力

代理人在代理权限内，以被代理人名义实施的民事法律行为，对被代理人发生效力。

第 163 条
代理的类型

❶代理包括委托代理和法定代理。

❷委托代理人按照被代理人的委托行使代理权。法定代理人依照法律的规定行使代理权。

第 164 条
不当代理的民事责任

❶代理人不履行或者不完全履行职责，造成被代理人损害的，应当承担民事责任。

❷代理人和相对人恶意串通，损害被代理人合法权益的，代理人和相对人应当承担连带责任。

MON TUE WED THU FRI SAT SUN
JAN FEB MAR APR MAY JUNE JULY AUG SEPT OCT NOV DEC
1 2 3 4 5 6 7 8 9 10 11 12 13 14 15 16 17 18 19 20 21 22 23 24 25 26 27 28 29 30 31

第二节　委托代理

第 165 条
授权委托书

委托代理授权采用书面形式的，授权委托书应当载明代理人的姓名或者名称、代理事项、权限和期限，并由被代理人签名或者盖章。

第 166 条
共同代理

数人为同一代理事项的代理人的，应当共同行使代理权，但是当事人另有约定的除外。

第 167 条
违法代理的责任承担

代理人知道或者应当知道代理事项违法仍然实施代理行为，或者被代理人知道或者应当知道代理人的代理行为违法未作反对表示的，被代理人和代理人应当承担连带责任。

第 168 条
禁止自己代理和双方代理

❶ 代理人不得以被代理人的名义与自己实施民事法律行为，但是被代理人同意或者追认的除外。

❷ 代理人不得以被代理人的名义与自己同时代理的其他人实施民事法律行为，但是被代理的双方同意或者追认的除外。

第 169 条
复代理

❶ 代理人需要转委托第三人代理的，应当取得被代理人的同意或者追认。

❷ 转委托代理经被代理人同意或者追认的，被代理人可以就代理事务直接指示转委托的

MON TUE WED THU FRI SAT SUN

JAN FEB MAR APR MAY JUNE JULY AUG SEPT OCT NOV DEC

1 2 3 4 5 6 7 8 9 10 11 12 13 14 15 16 17 18 19 20 21 22 23 24 25 26 27 28 29 30 31

第三人，代理人仅就第三人的选任以及对第三人的指示承担责任。

③ 转委托代理未经被代理人同意或者追认的，代理人应当对转委托的第三人的行为承担责任；但是，在紧急情况下代理人为了维护被代理人的利益需要转委托第三人代理的除外。

第 170 条
职务代理

① 执行法人或者非法人组织工作任务的人员，就其职权范围内的事项，以法人或者非法人组织的名义实施的民事法律行为，对法人或者非法人组织发生效力。

② 法人或者非法人组织对执行其工作任务的人员职权范围的限制，不得对抗善意相对人。

第 171 条
无权代理

① 行为人没有代理权、超越代理权或者代理权终止后，仍然实施代理行为，未经被代理人追认的，对被代理人不发生效力。

② 相对人可以催告被代理人自收到通知之日起三十日内予以追认。被代理人未作表示的，视为拒绝追认。行为人实施的行为被追认前，善意相对人有撤销的权利。撤销应当以通知的方式作出。

③ 行为人实施的行为未被追认的，善意相对人有权请求行为人履行债务或者就其受到

MON TUE WED THU FRI SAT SUN

JAN FEB MAR APR MAY JUNE JULY AUG SEPT OCT NOV DEC

1 2 3 4 5 6 7 8 9 10 11 12 13 14 15 16 17 18 19 20 21 22 23 24 25 26 27 28 29 30 31

的损害请求行为人赔偿。但是，赔偿的范围不得超过被代理人追认时相对人所能获得的利益。

❹ 相对人知道或者应当知道行为人无权代理的，相对人和行为人按照各自的过错承担责任。

第 172 条
表见代理

行为人没有代理权、超越代理权或者代理权终止后，仍然实施代理行为，相对人有理由相信行为人有代理权的，代理行为有效。

第三节　代理终止

第 173 条
委托代理的终止

有下列情形之一的，委托代理终止：

（一）代理期限届满或者代理事务完成；

（二）被代理人取消委托或者代理人辞去委托；

（三）代理人丧失民事行为能力；

（四）代理人或者被代理人死亡；

（五）作为代理人或者被代理人的法人、非法人组织终止。

第 174 条
委托代理终止的例外

❶ 被代理人死亡后，有下列情形之一的，委托代理人实施的代理行为有效：

（一）代理人不知道且不应当知道被代理人死亡；

MON TUE WED THU FRI SAT SUN

JAN FEB MAR APR MAY JUNE JULY AUG SEPT OCT NOV DEC

1 2 3 4 5 6 7 8 9 10 11 12 13 14 15 16 17 18 19 20 21 22 23 24 25 26 27 28 29 30 31

（二）被代理人的继承人予以承认；

（三）授权中明确代理权在代理事务完成时终止；

（四）被代理人死亡前已经实施，为了被代理人的继承人的利益继续代理。

❷ 作为被代理人的法人、非法人组织终止的，参照适用前款规定。

第 175 条
法定代理的终止

有下列情形之一的，法定代理终止：

（一）被代理人取得或者恢复完全民事行为能力；

（二）代理人丧失民事行为能力；

（三）代理人或者被代理人死亡；

（四）法律规定的其他情形。

MON TUE WED THU FRI SAT SUN

JAN FEB MAR APR MAY JUNE JULY AUG SEPT OCT NOV DEC

1 2 3 4 5 6 7 8 9 10 11 12 13 14 15 16 17 18 19 20 21 22 23 24 25 26 27 28 29 30 31

第八章 民事责任

第 176 条
民事责任

民事主体依照法律规定或者按照当事人约定，履行民事义务，承担民事责任。

第 177 条
按份责任

二人以上依法承担按份责任，能够确定责任大小的，各自承担相应的责任；难以确定责任大小的，平均承担责任。

第 178 条
连带责任

❶ 二人以上依法承担连带责任的，权利人有权请求部分或者全部连带责任人承担责任。

❷ 连带责任人的责任份额根据各自责任大小确定；难以确定责任大小的，平均承担责任。实际承担责任超过自己责任份额的连带责任人，有权向其他连带责任人追偿。

❸ 连带责任，由法律规定或者当事人约定。

第 179 条
民事责任的承担方式

❶ 承担民事责任的方式主要有：

（一）停止侵害；
（二）排除妨碍；
（三）消除危险；
（四）返还财产；
（五）恢复原状；
（六）修理、重作、更换；

MON TUE WED THU FRI SAT SUN

JAN FEB MAR APR MAY JUNE JULY AUG SEPT OCT NOV DEC

1 2 3 4 5 6 7 8 9 10 11 12 13 14 15 16 17 18 19 20 21 22 23 24 25 26 27 28 29 30 31

（七）继续履行；

（八）赔偿损失；

（九）支付违约金；

（十）消除影响、恢复名誉；

（十一）赔礼道歉。

❷ 法律规定惩罚性赔偿的，依照其规定。

❸ 本条规定的承担民事责任的方式，可以单独适用，也可以合并适用。

第 180 条
不可抗力

❶ 因不可抗力不能履行民事义务的，不承担民事责任。法律另有规定的，依照其规定。

❷ 不可抗力是不能预见、不能避免且不能克服的客观情况。

第 181 条
正当防卫

❶ 因正当防卫造成损害的，不承担民事责任。

❷ 正当防卫超过必要的限度，造成不应有的损害的，正当防卫人应当承担适当的民事责任。

第 182 条
紧急避险

❶ 因紧急避险造成损害的，由引起险情发生的人承担民事责任。

❷ 危险由自然原因引起的，紧急避险人不承担民事责任，可以给予适当补偿。

❸ 紧急避险采取措施不当或者超过必要的限度，造成不应有的损害的，紧急避险人应当承担适当的民事责任。

MON TUE WED THU FRI SAT SUN

JAN FEB MAR APR MAY JUNE JULY AUG SEPT OCT NOV DEC

1 2 3 4 5 6 7 8 9 10 11 12 13 14 15 16 17 18 19 20 21 22 23 24 25 26 27 28 29 30 31

第 183 条
因保护他人民事权益而受损的责任承担

因保护他人民事权益使自己受到损害的，由侵权人承担民事责任，受益人可以给予适当补偿。没有侵权人、侵权人逃逸或者无力承担民事责任，受害人请求补偿的，受益人应当给予适当补偿。

第 184 条
紧急救助的责任豁免

因自愿实施紧急救助行为造成受助人损害的，救助人不承担民事责任。

第 185 条
英雄烈士人格利益的保护

侵害英雄烈士等的姓名、肖像、名誉、荣誉，损害社会公共利益的，应当承担民事责任。

第 186 条
违约责任与侵权责任的竞合

因当事人一方的违约行为，损害对方人身权益、财产权益的，受损害方有权选择请求其承担违约责任或者侵权责任。

第 187 条
民事责任优先

民事主体因同一行为应当承担民事责任、行政责任和刑事责任的，承担行政责任或者刑事责任不影响承担民事责任；民事主体的财产不足以支付的，优先用于承担民事责任。

MON TUE WED THU FRI SAT SUN
JAN FEB MAR APR MAY JUNE JULY AUG SEPT OCT NOV DEC
1 2 3 4 5 6 7 8 9 10 11 12 13 14 15 16 17 18 19 20 21 22 23 24 25 26 27 28 29 30 31

第九章 诉讼时效

第 188 条
普通诉讼时效

❶ 向人民法院请求保护民事权利的诉讼时效期间为三年。法律另有规定的，依照其规定。

❷ 诉讼时效期间自权利人知道或者应当知道权利受到损害以及义务人之日起计算。法律另有规定的，依照其规定。但是，自权利受到损害之日起超过二十年的，人民法院不予保护，有特殊情况的，人民法院可以根据权利人的申请决定延长。

第 189 条
分期履行债务诉讼时效的起算

当事人约定同一债务分期履行的，诉讼时效期间自最后一期履行期限届满之日起计算。

第 190 条
对法定代理人请求权诉讼时效的起算

无民事行为能力人或者限制民事行为能力人对其法定代理人的请求权的诉讼时效期间，自该法定代理终止之日起计算。

第 191 条
未成年人遭受性侵害的损害赔偿诉讼时效的起算

未成年人遭受性侵害的损害赔偿请求权的诉讼时效期间，自受害人年满十八周岁之日起计算。

MON TUE WED THU FRI SAT SUN
JAN FEB MAR APR MAY JUNE JULY AUG SEPT OCT NOV DEC
1 2 3 4 5 6 7 8 9 10 11 12 13 14 15 16 17 18 19 20 21 22 23 24 25 26 27 28 29 30 31

第 192 条
诉讼时效届满的法律效果

❶ 诉讼时效期间届满的，义务人可以提出不履行义务的抗辩。

❷ 诉讼时效期间届满后，义务人同意履行的，不得以诉讼时效期间届满为由抗辩；义务人已经自愿履行的，不得请求返还。

第 193 条
诉讼时效援用

人民法院不得主动适用诉讼时效的规定。

第 194 条
诉讼时效的中止

❶ 在诉讼时效期间的最后六个月内，因下列障碍，不能行使请求权的，诉讼时效中止：

（一）不可抗力；

（二）无民事行为能力人或者限制民事行为能力人没有法定代理人，或者法定代理人死亡、丧失民事行为能力、丧失代理权；

（三）继承开始后未确定继承人或者遗产管理人；

（四）权利人被义务人或者其他人控制；

（五）其他导致权利人不能行使请求权的障碍。

❷ 自中止时效的原因消除之日起满六个月，诉讼时效期间届满。

第 195 条
诉讼时效的中断

有下列情形之一的，诉讼时效中断，从中断、有关程序终结时起，诉讼时效期间重新计算：

（一）权利人向义务人提出履行请求；

MON TUE WED THU FRI SAT SUN

JAN FEB MAR APR MAY JUNE JULY AUG SEPT OCT NOV DEC

1 2 3 4 5 6 7 8 9 10 11 12 13 14 15 16 17 18 19 20 21 22 23 24 25 26 27 28 29 30 31

（二）义务人同意履行义务；
（三）权利人提起诉讼或者申请仲裁；
（四）与提起诉讼或者申请仲裁具有同等效力的其他情形。

第 196 条
不适用诉讼时效的情形

下列请求权不适用诉讼时效的规定：
（一）请求停止侵害、排除妨碍、消除危险；
（二）不动产物权和登记的动产物权的权利人请求返还财产；
（三）请求支付抚养费、赡养费或者扶养费；
（四）依法不适用诉讼时效的其他请求权。

第 197 条
诉讼时效法定

❶ 诉讼时效的期间、计算方法以及中止、中断的事由由法律规定，当事人约定无效。
❷ 当事人对诉讼时效利益的预先放弃无效。

第 198 条
仲裁时效

法律对仲裁时效有规定的，依照其规定；没有规定的，适用诉讼时效的规定。

第 199 条
除斥期间

法律规定或者当事人约定的撤销权、解除权等权利的存续期间，除法律另有规定外，自权利人知道或者应当知道权利产生之日起计算，不适用有关诉讼时效中止、中断和延长的规定。存续期间届满，撤销权、解除权等权利消灭。

MON TUE WED THU FRI SAT SUN

JAN FEB MAR APR MAY JUNE JULY AUG SEPT OCT NOV DEC

1 2 3 4 5 6 7 8 9 10 11 12 13 14 15 16 17 18 19 20 21 22 23 24 25 26 27 28 29 30 31

第十章　期间计算

第 200 条
期间的计算单位

民法所称的期间按照公历年、月、日、小时计算。

第 201 条
期间的起算

❶按照年、月、日计算期间的，开始的当日不计入，自下一日开始计算。

❷按照小时计算期间的，自法律规定或者当事人约定的时间开始计算。

第 202 条
期间结束

按照年、月计算期间的，到期月的对应日为期间的最后一日；没有对应日的，月末日为期间的最后一日。

第 203 条
期间计算的特殊规定

❶期间的最后一日是法定休假日的，以法定休假日结束的次日为期间的最后一日。

❷期间的最后一日的截止时间为二十四时；有业务时间的，停止业务活动的时间为截止时间。

第 204 条
期间法定或约定

期间的计算方法依照本法的规定，但是法律另有规定或者当事人另有约定的除外。

MON TUE WED THU FRI SAT SUN

JAN FEB MAR APR MAY JUNE JULY AUG SEPT OCT NOV DEC

1 2 3 4 5 6 7 8 9 10 11 12 13 14 15 16 17 18 19 20 21 22 23 24 25 26 27 28 29 30 31

● 相关司法解释链接

最高人民法院关于审理民事案件适用诉讼时效制度若干问题的规定

（2008 年 8 月 11 日最高人民法院审判委员会第 1450 次会议通过　根据 2020 年 12 月 23 日最高人民法院审判委员会第 1823 次会议通过的《最高人民法院关于修改〈最高人民法院关于在民事审判工作中适用《中华人民共和国工会法》若干问题的解释〉等二十七件民事类司法解释的决定》修正　2020 年 12 月 29 日最高人民法院公告公布　自 2021 年 1 月 1 日起施行　法释〔2020〕17 号）

为正确适用法律关于诉讼时效制度的规定，保护当事人的合法权益，依照《中华人民共和国民法典》《中华人民共和国民事诉讼法》等法律的规定，结合审判实践，制定本规定。

第 1 条　当事人可以对债权请求权提出诉讼时效抗辩，但对下列债权请求权提出诉讼时效抗辩的，人民法院不予支持：

（一）支付存款本金及利息请求权；

（二）兑付国债、金融债券以及向不特定对象发行的企业债券本息请求权；

（三）基于投资关系产生的缴付出资请求权；

（四）其他依法不适用诉讼时效规定的债权请求权。

第 2 条　当事人未提出诉讼时效抗辩，人民法院不应对诉讼时效问题进行释明。

第 3 条　当事人在一审期间未提出诉讼时效抗辩，在二审期间提出的，人民法院不予支持，但其基于新的证据能够证明对方当事人的请求权已过诉讼时效期间的情形除外。

当事人未按照前款规定提出诉讼时效抗辩，以诉讼时效期间届满为由申请再审或者提出再审抗辩的，人民法院不予支持。

第4条 未约定履行期限的合同，依照民法典第五百一十条、第五百一十一条的规定，可以确定履行期限的，诉讼时效期间从履行期限届满之日起计算；不能确定履行期限的，诉讼时效期间从债权人要求债务人履行义务的宽限期届满之日起计算，但债务人在债权人第一次向其主张权利之时明确表示不履行义务的，诉讼时效期间从债务人明确表示不履行义务之日起计算。

第5条 享有撤销权的当事人一方请求撤销合同的，应适用民法典关于除斥期间的规定。对方当事人对撤销合同请求权提出诉讼时效抗辩的，人民法院不予支持。

合同被撤销，返还财产、赔偿损失请求权的诉讼时效期间从合同被撤销之日起计算。

第6条 返还不当得利请求权的诉讼时效期间，从当事人一方知道或者应当知道不当得利事实及对方当事人之日起计算。

第7条 管理人因无因管理行为产生的给付必要管理费用、赔偿损失请求权的诉讼时效期间，从无因管理行为结束并且管理人知道或者应当知道本人之日起计算。

本人因不当无因管理行为产生的赔偿损失请求权的诉讼时效期间，从其知道或者应当知道管理人及损害事实之日起计算。

第8条 具有下列情形之一的，应当认定为民法典第一百九十五条规定的“权利人向义务人提出履行请求”，产生诉讼时效中断的效力：

（一）当事人一方直接向对方当事人送交主张权利文书，对方当事人在文书上签名、盖章、按指印或者虽未签名、盖章、按指印但能够以其他方式证明该文书到达对方当事人的；

（二）当事人一方以发送信件或者数据电文方式主张权利，信件或者数据电文到达或者应当到达对方当事人的；

（三）当事人一方为金融机构，依照法律规定或者当事人约定从对方当事人账户中扣收欠款本息的；

（四）当事人一方下落不明，对方当事人在国家级或者下落不明的当事人一方住所地的省级有影响的媒体上刊登具有主张权利内容的公告的，但法律和司法解释另有特别规定的，适用其规定。

前款第（一）项情形中，对方当事人为法人或者其他组织的，签收人可以是其法定代表人、主要负责人、负责收发信件的部门或者被授权主体；对方当事人为自然人的，签收人可以是自然人本人、同住的具有完全行为能力的亲属或者被授权主体。

第9条 权利人对同一债权中的部分债权主张权利，诉讼时效中断的效力及于剩余债权，但权利人明确表示放弃剩余债权的情形除外。

第10条 当事人一方向人民法院提交起诉状或者口头起诉的，诉讼时效从提交起诉状或者口头起诉之日起中断。

第11条 下列事项之一，人民法院应当认定与提起诉讼具有同等诉讼时效中断的效力：

（一）申请支付令；

（二）申请破产、申报破产债权；

（三）为主张权利而申请宣告义务人失踪或死亡；

（四）申请诉前财产保全、诉前临时禁令等诉前措施；

（五）申请强制执行；

（六）申请追加当事人或者被通知参加诉讼；

（七）在诉讼中主张抵销；

（八）其他与提起诉讼具有同等诉讼时效中断效力的事项。

第12条 权利人向人民调解委员会以及其他依法有权解决相关民事纠纷的国家机关、事业单位、社会团体等社会组织提出保护相应民事权利的请求，诉讼时效从提出请求之日起中断。

第13条 权利人向公安机关、人民检察院、人民法院报案或者控告，请求保护其民事权利的，诉讼时效从其报案或者控告之日起中断。

上述机关决定不立案、撤销案件、不起诉的，诉讼时效期间从权利人知道或者应当知道不立案、撤销案件或者不起诉之日起重新计算；刑事案件进入审理阶段，诉讼时效期间从刑事裁判文书生效之日起重新计算。

第14条 义务人作出分期履行、部分履行、提供担保、请求延期履行、制定清偿债务计划等承诺或者行为的，应当认定为民法典第一百九十五条规定的“义务人同意履行义务”。

第15条 对于连带债权人中的一人发生诉讼时效中断效力的事由，应当认定对其他连带债权人也发生诉讼时效中断的效力。

对于连带债务人中的一人发生诉讼时效中断效力的事由，应当认定对其他连带债务人也发生诉讼时效中断的效力。

第16条 债权人提起代位权诉讼的，应当认定对债权人的债权和债务人的债权均发生诉讼时效中断的效力。

第17条 债权转让的，应当认定诉讼时效从债权转让通知到达债务人之日起中断。

债务承担情形下，构成原债务人对债务承认的，应当认定诉讼时效从债务承担意思表示到达债权人之日起中断。

第18条 主债务诉讼时效期间届满，保证人享有主债务人的诉讼时效抗辩权。

保证人未主张前述诉讼时效抗辩权，承担保证责任后向主债务人行使追偿权的，人民法院不予支持，但主债务人同意给付的情形除外。

第19条 诉讼时效期间届满，当事人一方向对方当事人作出同意履行义务的意思表示或者自愿履行义务后，又以诉讼时效期间届满为由进行抗辩的，人民法院不予支持。

当事人双方就原债务达成新的协议，债权人主张义务人放弃诉讼时效抗辩权的，人民法院应予支持。

超过诉讼时效期间，贷款人向借款人发出催收到期贷款通知单，债务人在通知单上签字或者盖章，能够认定借款人同意履行诉讼时效期间已经届满的义务的，对于贷款人关于借款人放弃诉讼时效抗辩权的主张，人民法院应予支持。

第 20 条 本规定施行后，案件尚在一审或者二审阶段的，适用本规定；本规定施行前已经终审的案件，人民法院进行再审时，不适用本规定。

第 21 条 本规定施行前本院作出的有关司法解释与本规定相抵触的，以本规定为准。

最高人民法院关于债务人在约定的期限届满后未履行债务而出具没有还款日期的欠款条诉讼时效期间应从何时开始计算问题的批复

（1994年3月26日 根据2020年12月23日最高人民法院审判委员会第1823次会议通过的《最高人民法院关于修改〈最高人民法院关于在民事审判工作中适用《中华人民共和国工会法》若干问题的解释〉等二十七件民事类司法解释的决定》修正 2020年12月29日最高人民法院公告公布 自2021年1月1日起施行 法释〔2020〕17号）

山东省高级人民法院：

你院鲁高法〈1992〉70号请示收悉。关于债务人在约定的期限届满后未履行债务，而出具没有还款日期的欠款条，诉讼时效期间应从何时开始计算的问题，经研究，答复如下：

据你院报告称，双方当事人原约定，供方交货后，需方立即付款。需方收货后因无款可付，经供方同意写了没有还款日期的欠款条。根据民法典第一百九十五条的规定，应认定诉讼时效中断。如果供方在诉讼时效中断后一直未主张权利，诉讼时效期间则应从供方收到需方所写欠款条之日起重新计算。

此复。

民法典　婚姻家庭编

第一章　一般规定
第二章　结　婚
第三章　家庭关系
　第一节　夫妻关系
　第二节　父母子女关系和其他近亲属关系
第四章　离　婚
第五章　收　养
　第一节　收养关系的成立
　第二节　收养的效力
　第三节　收养关系的解除

第一章　一般规定

第 1040 条
婚姻家庭编的调整范围

本编调整因婚姻家庭产生的民事关系。

第 1041 条
婚姻家庭关系基本原则

❶婚姻家庭受国家保护。

❷实行婚姻自由、一夫一妻、男女平等的婚姻制度。

❸保护妇女、未成年人、老年人、残疾人的合法权益。

第 1042 条
禁止的婚姻家庭行为

❶禁止包办、买卖婚姻和其他干涉婚姻自由的行为。禁止借婚姻索取财物。

❷禁止重婚。禁止有配偶者与他人同居。

❸禁止家庭暴力。禁止家庭成员间的虐待和遗弃。

第 1043 条
婚姻家庭道德规范

❶家庭应当树立优良家风，弘扬家庭美德，重视家庭文明建设。

❷夫妻应当互相忠实，互相尊重，互相关爱；家庭成员应当敬老爱幼，互相帮助，维护平等、和睦、文明的婚姻家庭关系。

第 1044 条
收养的原则

❶收养应当遵循最有利于被收养人的原则，保障被收养人和收养人的合法权益。

❷禁止借收养名义买卖未成年人。

第 1045 条

亲属、近亲属与家庭成员

❶ 亲属包括配偶、血亲和姻亲。

❷ 配偶、父母、子女、兄弟姐妹、祖父母、外祖父母、孙子女、外孙子女为近亲属。

❸ 配偶、父母、子女和其他共同生活的近亲属为家庭成员。

MON TUE WED THU FRI SAT SUN

JAN FEB MAR APR MAY JUNE JULY AUG SEPT OCT NOV DEC

1 2 3 4 5 6 7 8 9 10 11 12 13 14 15 16 17 18 19 20 21 22 23 24 25 26 27 28 29 30 31

第二章 结 婚

第 1046 条
结婚自愿

结婚应当男女双方完全自愿，禁止任何一方对另一方加以强迫，禁止任何组织或者个人加以干涉。

第 1047 条
法定婚龄

结婚年龄，男不得早于二十二周岁，女不得早于二十周岁。

第 1048 条
禁止结婚的情形

直系血亲或者三代以内的旁系血亲禁止结婚。

第 1049 条
结婚程序

要求结婚的男女双方应当亲自到婚姻登记机关申请结婚登记。符合本法规定的，予以登记，发给结婚证。完成结婚登记，即确立婚姻关系。未办理结婚登记的，应当补办登记。

第 1050 条
男女双方互为家庭成员

登记结婚后，按照男女双方约定，女方可以成为男方家庭的成员，男方可以成为女方家庭的成员。

第 1051 条
婚姻无效的情形

有下列情形之一的，婚姻无效：
（一）重婚；
（二）有禁止结婚的亲属关系；
（三）未到法定婚龄。

MON TUE WED THU FRI SAT SUN

JAN FEB MAR APR MAY JUNE JULY AUG SEPT OCT NOV DEC

1 2 3 4 5 6 7 8 9 10 11 12 13 14 15 16 17 18 19 20 21 22 23 24 25 26 27 28 29 30 31

第 1052 条
受胁迫婚姻的撤销

❶ 因胁迫结婚的，受胁迫的一方可以向人民法院请求撤销婚姻。
❷ 请求撤销婚姻的，应当自胁迫行为终止之日起一年内提出。
❸ 被非法限制人身自由的当事人请求撤销婚姻的，应当自恢复人身自由之日起一年内提出。

第 1053 条
隐瞒重大疾病的可撤销婚姻

❶ 一方患有重大疾病的，应当在结婚登记前如实告知另一方；不如实告知的，另一方可以向人民法院请求撤销婚姻。
❷ 请求撤销婚姻的，应当自知道或者应当知道撤销事由之日起一年内提出。

第 1054 条
婚姻无效或被撤销的法律后果

❶ 无效的或者被撤销的婚姻自始没有法律约束力，当事人不具有夫妻的权利和义务。同居期间所得的财产，由当事人协议处理；协议不成的，由人民法院根据照顾无过错方的原则判决。对重婚导致的无效婚姻的财产处理，不得侵害合法婚姻当事人的财产权益。当事人所生的子女，适用本法关于父母子女的规定。
❷ 婚姻无效或者被撤销的，无过错方有权请求损害赔偿。

MON TUE WED THU FRI SAT SUN
JAN FEB MAR APR MAY JUNE JULY AUG SEPT OCT NOV DEC
1 2 3 4 5 6 7 8 9 10 11 12 13 14 15 16 17 18 19 20 21 22 23 24 25 26 27 28 29 30 31

第三章 家庭关系

第一节 夫妻关系

第 1055 条 夫妻平等

夫妻在婚姻家庭中地位平等。

第 1056 条 夫妻姓名权

夫妻双方都有各自使用自己姓名的权利。

第 1057 条 夫妻人身自由权

夫妻双方都有参加生产、工作、学习和社会活动的自由，一方不得对另一方加以限制或者干涉。

第 1058 条 夫妻抚养、教育和保护子女的权利义务平等

夫妻双方平等享有对未成年子女抚养、教育和保护的权利，共同承担对未成年子女抚养、教育和保护的义务。

第 1059 条 夫妻扶养义务

❶ 夫妻有相互扶养的义务。

❷ 需要扶养的一方，在另一方不履行扶养义务时，有要求其给付扶养费的权利。

第 1060 条 夫妻日常家事代理权

❶ 夫妻一方因家庭日常生活需要而实施的民事法律行为，对夫妻双方发生效力，但是夫妻一方与相对人另有约定的除外。

❷ 夫妻之间对一方可以实施的民事法律行为范围的限制，不得对抗善意相对人。

MON TUE WED THU FRI SAT SUN

JAN FEB MAR APR MAY JUNE JULY AUG SEPT OCT NOV DEC

1 2 3 4 5 6 7 8 9 10 11 12 13 14 15 16 17 18 19 20 21 22 23 24 25 26 27 28 29 30 31

第 1061 条
夫妻遗产继承权

夫妻有相互继承遗产的权利。

第 1062 条
夫妻共同财产

❶ 夫妻在婚姻关系存续期间所得的下列财产，为夫妻的共同财产，归夫妻共同所有：

（一）工资、奖金、劳务报酬；

（二）生产、经营、投资的收益；

（三）知识产权的收益；

（四）继承或者受赠的财产，但是本法第一千零六十三条第三项规定的除外；

（五）其他应当归共同所有的财产。

❷ 夫妻对共同财产，有平等的处理权。

第 1063 条
夫妻个人财产

下列财产为夫妻一方的个人财产：

（一）一方的婚前财产；

（二）一方因受到人身损害获得的赔偿或者补偿；

（三）遗嘱或者赠与合同中确定只归一方的财产；

（四）一方专用的生活用品；

（五）其他应当归一方的财产。

第 1064 条
夫妻共同债务

❶ 夫妻双方共同签名或者夫妻一方事后追认等共同意思表示所负的债务，以及夫妻一方在婚姻关系存续期间以个人名义为家庭日常生活需要所负的债务，属于夫妻共同债务。

MON TUE WED THU FRI SAT SUN
JAN FEB MAR APR MAY JUNE JULY AUG SEPT OCT NOV DEC
1 2 3 4 5 6 7 8 9 10 11 12 13 14 15 16 17 18 19 20 21 22 23 24 25 26 27 28 29 30 31

② 夫妻一方在婚姻关系存续期间以个人名义超出家庭日常生活需要所负的债务，不属于夫妻共同债务；但是，债权人能够证明该债务用于夫妻共同生活、共同生产经营或者基于夫妻双方共同意思表示的除外。

第 1065 条
夫妻约定财产制

① 男女双方可以约定婚姻关系存续期间所得的财产以及婚前财产归各自所有、共同所有或者部分各自所有、部分共同所有。约定应当采用书面形式。没有约定或者约定不明确的，适用本法第一千零六十二条、第一千零六十三条的规定。

② 夫妻对婚姻关系存续期间所得的财产以及婚前财产的约定，对双方具有法律约束力。

③ 夫妻对婚姻关系存续期间所得的财产约定归各自所有，夫或者妻一方对外所负的债务，相对人知道该约定的，以夫或者妻一方的个人财产清偿。

第 1066 条
婚内分割夫妻共同财产

婚姻关系存续期间，有下列情形之一的，夫妻一方可以向人民法院请求分割共同财产：

（一）一方有隐藏、转移、变卖、毁损、挥霍夫妻共同财产或者伪造夫妻共同债务等

MON TUE WED THU FRI SAT SUN
JAN FEB MAR APR MAY JUNE JULY AUG SEPT OCT NOV DEC
1 2 3 4 5 6 7 8 9 10 11 12 13 14 15 16 17 18 19 20 21 22 23 24 25 26 27 28 29 30 31

严重损害夫妻共同财产利益的行为；
（二）一方负有法定扶养义务的人患重大疾病需要医治，另一方不同意支付相关医疗费用。

第二节 父母子女关系和其他近亲属关系

第 1067 条 父母与子女间的抚养赡养义务

❶ 父母不履行抚养义务的，未成年子女或者不能独立生活的成年子女，有要求父母给付抚养费的权利。
❷ 成年子女不履行赡养义务的，缺乏劳动能力或者生活困难的父母，有要求成年子女给付赡养费的权利。

第 1068 条 父母教育、保护未成年子女的权利和义务

父母有教育、保护未成年子女的权利和义务。未成年子女造成他人损害的，父母应当依法承担民事责任。

第 1069 条 子女尊重父母的婚姻权利及赡养义务

子女应当尊重父母的婚姻权利，不得干涉父母离婚、再婚以及婚后的生活。子女对父母的赡养义务，不因父母的婚姻关系变化而终止。

第 1070 条 遗产继承权

父母和子女有相互继承遗产的权利。

MON TUE WED THU FRI SAT SUN

JAN FEB MAR APR MAY JUNE JULY AUG SEPT OCT NOV DEC

1 2 3 4 5 6 7 8 9 10 11 12 13 14 15 16 17 18 19 20 21 22 23 24 25 26 27 28 29 30 31

第 1071 条
非婚生子女权利

❶ 非婚生子女享有与婚生子女同等的权利，任何组织或者个人不得加以危害和歧视。

❷ 不直接抚养非婚生子女的生父或者生母，应当负担未成年子女或者不能独立生活的成年子女的抚养费。

第 1072 条
继父母子女之间权利义务

❶ 继父母与继子女间，不得虐待或者歧视。

❷ 继父或者继母和受其抚养教育的继子女间的权利义务关系，适用本法关于父母子女关系的规定。

第 1073 条
亲子关系异议之诉

❶ 对亲子关系有异议且有正当理由的，父或者母可以向人民法院提起诉讼，请求确认或者否认亲子关系。

❷ 对亲子关系有异议且有正当理由的，成年子女可以向人民法院提起诉讼，请求确认亲子关系。

第 1074 条
祖孙之间的抚养、赡养义务

❶ 有负担能力的祖父母、外祖父母，对于父母已经死亡或者父母无力抚养的未成年孙子女、外孙子女，有抚养的义务。

❷ 有负担能力的孙子女、外孙子女，对于子女已经死亡或者子女无力赡养的祖父母、外祖父母，有赡养的义务。

第 1075 条
兄弟姐妹间扶养义务

❶ 有负担能力的兄、姐，对于父母已经死亡或者父母无力抚养的未成年弟、妹，有扶养的义务。

❷ 由兄、姐扶养长大的有负担能力的弟、妹，对于缺乏劳动能力又缺乏生活来源的兄、姐，有扶养的义务。

MON TUE WED THU FRI SAT SUN

JAN FEB MAR APR MAY JUNE JULY AUG SEPT OCT NOV DEC

1 2 3 4 5 6 7 8 9 10 11 12 13 14 15 16 17 18 19 20 21 22 23 24 25 26 27 28 29 30 31

第四章　离　婚

第 1076 条
协议离婚

❶夫妻双方自愿离婚的，应当签订书面离婚协议，并亲自到婚姻登记机关申请离婚登记。

❷离婚协议应当载明双方自愿离婚的意思表示和对子女抚养、财产以及债务处理等事项协商一致的意见。

第 1077 条
离婚冷静期

❶自婚姻登记机关收到离婚登记申请之日起三十日内，任何一方不愿意离婚的，可以向婚姻登记机关撤回离婚登记申请。

❷前款规定期限届满后三十日内，双方应当亲自到婚姻登记机关申请发给离婚证；未申请的，视为撤回离婚登记申请。

第 1078 条
婚姻登记机关对协议离婚的查明

婚姻登记机关查明双方确实是自愿离婚，并已经对子女抚养、财产以及债务处理等事项协商一致的，予以登记，发给离婚证。

第 1079 条
诉讼离婚

❶夫妻一方要求离婚的，可以由有关组织进行调解或者直接向人民法院提起离婚诉讼。

❷人民法院审理离婚案件，应当进行调解；如果感情确已破裂，调解无效的，应当准予离婚。

MON TUE WED THU FRI SAT SUN

JAN FEB MAR APR MAY JUNE JULY AUG SEPT OCT NOV DEC

1 2 3 4 5 6 7 8 9 10 11 12 13 14 15 16 17 18 19 20 21 22 23 24 25 26 27 28 29 30 31

③ 有下列情形之一，调解无效的，应当准予离婚：

（一）重婚或者与他人同居；

（二）实施家庭暴力或者虐待、遗弃家庭成员；

（三）有赌博、吸毒等恶习屡教不改；

（四）因感情不和分居满二年；

（五）其他导致夫妻感情破裂的情形。

④ 一方被宣告失踪，另一方提起离婚诉讼的，应当准予离婚。

⑤ 经人民法院判决不准离婚后，双方又分居满一年，一方再次提起离婚诉讼的，应当准予离婚。

第 1080 条
婚姻关系的解除时间

完成离婚登记，或者离婚判决书、调解书生效，即解除婚姻关系。

第 1081 条
现役军人离婚

现役军人的配偶要求离婚，应当征得军人同意，但是军人一方有重大过错的除外。

第 1082 条
男方提出离婚的限制情形

女方在怀孕期间、分娩后一年内或者终止妊娠后六个月内，男方不得提出离婚；但是，女方提出离婚或者人民法院认为确有必要受理男方离婚请求的除外。

MON TUE WED THU FRI SAT SUN

JAN FEB MAR APR MAY JUNE JULY AUG SEPT OCT NOV DEC

1 2 3 4 5 6 7 8 9 10 11 12 13 14 15 16 17 18 19 20 21 22 23 24 25 26 27 28 29 30 31

第 1083 条
复婚

离婚后，男女双方自愿恢复婚姻关系的，应当到婚姻登记机关重新进行结婚登记。

第 1084 条
离婚后子女的抚养

❶ 父母与子女间的关系，不因父母离婚而消除。离婚后，子女无论由父或者母直接抚养，仍是父母双方的子女。

❷ 离婚后，父母对于子女仍有抚养、教育、保护的权利和义务。

❸ 离婚后，不满两周岁的子女，以由母亲直接抚养为原则。已满两周岁的子女，父母双方对抚养问题协议不成的，由人民法院根据双方的具体情况，按照最有利于未成年子女的原则判决。子女已满八周岁的，应当尊重其真实意愿。

第 1085 条
离婚后子女抚养费的负担

❶ 离婚后，子女由一方直接抚养的，另一方应当负担部分或者全部抚养费。负担费用的多少和期限的长短，由双方协议；协议不成的，由人民法院判决。

❷ 前款规定的协议或者判决，不妨碍子女在必要时向父母任何一方提出超过协议或者判决原定数额的合理要求。

第 1086 条
探望子女权利

❶ 离婚后，不直接抚养子女的父或者母，有探望子女的权利，另一方有协助的义务。

MON TUE WED THU FRI SAT SUN

JAN FEB MAR APR MAY JUNE JULY AUG SEPT OCT NOV DEC

1 2 3 4 5 6 7 8 9 10 11 12 13 14 15 16 17 18 19 20 21 22 23 24 25 26 27 28 29 30 31

❷ 行使探望权利的方式、时间由当事人协议；协议不成的，由人民法院判决。

❸ 父或者母探望子女，不利于子女身心健康的，由人民法院依法中止探望；中止的事由消失后，应当恢复探望。

第 1087 条 离婚时夫妻共同财产的处理

❶ 离婚时，夫妻的共同财产由双方协议处理；协议不成的，由人民法院根据财产的具体情况，按照照顾子女、女方和无过错方权益的原则判决。

❷ 对夫或者妻在家庭土地承包经营中享有的权益等，应当依法予以保护。

第 1088 条 离婚经济补偿

夫妻一方因抚育子女、照料老年人、协助另一方工作等负担较多义务的，离婚时有权向另一方请求补偿，另一方应当给予补偿。具体办法由双方协议；协议不成的，由人民法院判决。

第 1089 条 离婚时夫妻共同债务的清偿

离婚时，夫妻共同债务应当共同偿还。共同财产不足清偿或者财产归各自所有的，由双方协议清偿；协议不成的，由人民法院判决。

第 1090 条 离婚经济帮助

离婚时，如果一方生活困难，有负担能力的另一方应当给予适当帮助。具体办法由双方协议；协议不成的，由人民法院判决。

MON TUE WED THU FRI SAT SUN

JAN FEB MAR APR MAY JUNE JULY AUG SEPT OCT NOV DEC

1 2 3 4 5 6 7 8 9 10 11 12 13 14 15 16 17 18 19 20 21 22 23 24 25 26 27 28 29 30 31

第 1091 条
离婚损害赔偿

有下列情形之一，导致离婚的，无过错方有权请求损害赔偿：
（一）重婚；
（二）与他人同居；
（三）实施家庭暴力；
（四）虐待、遗弃家庭成员；
（五）有其他重大过错。

第 1092 条
一方侵害夫妻财产的处理规则

夫妻一方隐藏、转移、变卖、毁损、挥霍夫妻共同财产，或者伪造夫妻共同债务企图侵占另一方财产的，在离婚分割夫妻共同财产时，对该方可以少分或者不分。离婚后，另一方发现有上述行为的，可以向人民法院提起诉讼，请求再次分割夫妻共同财产。

MON TUE WED THU FRI SAT SUN

JAN FEB MAR APR MAY JUNE JULY AUG SEPT OCT NOV DEC

1 2 3 4 5 6 7 8 9 10 11 12 13 14 15 16 17 18 19 20 21 22 23 24 25 26 27 28 29 30 31

第五章 收 养

第一节 收养关系的成立

第 1093 条
被收养人的条件

下列未成年人，可以被收养：
（一）丧失父母的孤儿；
（二）查找不到生父母的未成年人；
（三）生父母有特殊困难无力抚养的子女。

第 1094 条
送养人的条件

下列个人、组织可以作送养人：
（一）孤儿的监护人；
（二）儿童福利机构；
（三）有特殊困难无力抚养子女的生父母。

第 1095 条
监护人送养未成年人的情形

未成年人的父母均不具备完全民事行为能力且可能严重危害该未成年人的，该未成年人的监护人可以将其送养。

第 1096 条
监护人送养孤儿的限制及变更监护人

监护人送养孤儿的，应当征得有抚养义务的人同意。有抚养义务的人不同意送养、监护人不愿意继续履行监护职责的，应当依照本法第一编的规定另行确定监护人。

第 1097 条
生父母送养子女的原则要求与例外

生父母送养子女，应当双方共同送养。生父母一方不明或者查找不到的，可以单方送养。

MON TUE WED THU FRI SAT SUN

JAN FEB MAR APR MAY JUNE JULY AUG SEPT OCT NOV DEC

1 2 3 4 5 6 7 8 9 10 11 12 13 14 15 16 17 18 19 20 21 22 23 24 25 26 27 28 29 30 31

第 1098 条
收养人条件

收养人应当同时具备下列条件：
（一）无子女或者只有一名子女；
（二）有抚养、教育和保护被收养人的能力；
（三）未患有在医学上认为不应当收养子女的疾病；
（四）无不利于被收养人健康成长的违法犯罪记录；
（五）年满三十周岁。

第 1099 条
三代以内旁系同辈血亲的收养

❶ 收养三代以内旁系同辈血亲的子女，可以不受本法第一千零九十三条第三项、第一千零九十四条第三项和第一千一百零二条规定的限制。

❷ 华侨收养三代以内旁系同辈血亲的子女，还可以不受本法第一千零九十八条第一项规定的限制。

第 1100 条
收养人收养子女数量

❶ 无子女的收养人可以收养两名子女；有子女的收养人只能收养一名子女。

❷ 收养孤儿、残疾未成年人或者儿童福利机构抚养的查找不到生父母的未成年人，可以不受前款和本法第一千零九十八条第一项规定的限制。

第 1101 条
共同收养

有配偶者收养子女，应当夫妻共同收养。

MON TUE WED THU FRI SAT SUN

JAN FEB MAR APR MAY JUNE JULY AUG SEPT OCT NOV DEC

1 2 3 4 5 6 7 8 9 10 11 12 13 14 15 16 17 18 19 20 21 22 23 24 25 26 27 28 29 30 31

第 1102 条
无配偶者收养异性子女的限制

无配偶者收养异性子女的，收养人与被收养人的年龄应当相差四十周岁以上。

第 1103 条
收养继子女的特别规定

继父或者继母经继子女的生父母同意，可以收养继子女，并可以不受本法第一千零九十三条第三项、第一千零九十四条第三项、第一千零九十八条和第一千一百条第一款规定的限制。

第 1104 条
收养自愿原则

收养人收养与送养人送养，应当双方自愿。收养八周岁以上未成年人的，应当征得被收养人的同意。

第 1105 条
收养登记、收养协议、收养公证及收养评估

❶收养应当向县级以上人民政府民政部门登记。收养关系自登记之日起成立。

❷收养查找不到生父母的未成年人的，办理登记的民政部门应当在登记前予以公告。

❸收养关系当事人愿意签订收养协议的，可以签订收养协议。

❹收养关系当事人各方或者一方要求办理收养公证的，应当办理收养公证。

❺县级以上人民政府民政部门应当依法进行收养评估。

第 1106 条
收养后的户口登记

收养关系成立后，公安机关应当按照国家有关规定为被收养人办理户口登记。

MON TUE WED THU FRI SAT SUN

JAN FEB MAR APR MAY JUNE JULY AUG SEPT OCT NOV DEC

1 2 3 4 5 6 7 8 9 10 11 12 13 14 15 16 17 18 19 20 21 22 23 24 25 26 27 28 29 30 31

第 1107 条
亲属、朋友的抚养

孤儿或者生父母无力抚养的子女，可以由生父母的亲属、朋友抚养；抚养人与被抚养人的关系不适用本章规定。

第 1108 条
祖父母、外祖父母优先抚养权

配偶一方死亡，另一方送养未成年子女的，死亡一方的父母有优先抚养的权利。

第 1109 条
涉外收养

❶ 外国人依法可以在中华人民共和国收养子女。

❷ 外国人在中华人民共和国收养子女，应当经其所在国主管机关依照该国法律审查同意。收养人应当提供由其所在国有权机构出具的有关其年龄、婚姻、职业、财产、健康、有无受过刑事处罚等状况的证明材料，并与送养人签订书面协议，亲自向省、自治区、直辖市人民政府民政部门登记。

❸ 前款规定的证明材料应当经收养人所在国外交机关或者外交机关授权的机构认证，并经中华人民共和国驻该国使领馆认证，但是国家另有规定的除外。

第 1110 条
保守收养秘密

收养人、送养人要求保守收养秘密的，其他人应当尊重其意愿，不得泄露。

MON TUE WED THU FRI SAT SUN

JAN FEB MAR APR MAY JUNE JULY AUG SEPT OCT NOV DEC

1 2 3 4 5 6 7 8 9 10 11 12 13 14 15 16 17 18 19 20 21 22 23 24 25 26 27 28 29 30 31

第二节 收养的效力

第1111条
收养的效力

❶自收养关系成立之日起，养父母与养子女间的权利义务关系，适用本法关于父母子女关系的规定；养子女与养父母的近亲属间的权利义务关系，适用本法关于子女与父母的近亲属关系的规定。

❷养子女与生父母以及其他近亲属间的权利义务关系，因收养关系的成立而消除。

第1112条
养子女的姓氏

养子女可以随养父或者养母的姓氏，经当事人协商一致，也可以保留原姓氏。

第1113条
收养行为的无效

❶有本法第一编关于民事法律行为无效规定情形或者违反本编规定的收养行为无效。

❷无效的收养行为自始没有法律约束力。

第三节 收养关系的解除

第1114条
收养关系的协议解除与诉讼解除

❶收养人在被收养人成年以前，不得解除收养关系，但是收养人、送养人双方协议解除的除外。养子女八周岁以上的，应当征得本人同意。

❷收养人不履行抚养义务，有虐待、遗弃等侵害未成年养子女合法权益行为的，送养人有权要求解除养父母与养子女间的收养关

MON TUE WED THU FRI SAT SUN

JAN FEB MAR APR MAY JUNE JULY AUG SEPT OCT NOV DEC

1 2 3 4 5 6 7 8 9 10 11 12 13 14 15 16 17 18 19 20 21 22 23 24 25 26 27 28 29 30 31

系。送养人、收养人不能达成解除收养关系协议的，可以向人民法院提起诉讼。

第 1115 条 养父母与成年养子女解除收养关系

养父母与成年养子女关系恶化、无法共同生活的，可以协议解除收养关系。不能达成协议的，可以向人民法院提起诉讼。

第 1116 条 解除收养关系的登记

当事人协议解除收养关系的，应当到民政部门办理解除收养关系登记。

第 1117 条 收养关系解除的法律后果

收养关系解除后，养子女与养父母以及其他近亲属间的权利义务关系即行消除，与生父母以及其他近亲属间的权利义务关系自行恢复。但是，成年养子女与生父母以及其他近亲属间的权利义务关系是否恢复，可以协商确定。

第 1118 条 收养关系解除后生活费、抚养费支付

❶ 收养关系解除后，经养父母抚养的成年养子女，对缺乏劳动能力又缺乏生活来源的养父母，应当给付生活费。因养子女成年后虐待、遗弃养父母而解除收养关系的，养父母可以要求养子女补偿收养期间支出的抚养费。

❷ 生父母要求解除收养关系的，养父母可以要求生父母适当补偿收养期间支出的抚养费；但是，因养父母虐待、遗弃养子女而解除收养关系的除外。

MON TUE WED THU FRI SAT SUN

JAN FEB MAR APR MAY JUNE JULY AUG SEPT OCT NOV DEC

1 2 3 4 5 6 7 8 9 10 11 12 13 14 15 16 17 18 19 20 21 22 23 24 25 26 27 28 29 30 31

相关司法解释链接

最高人民法院关于适用《中华人民共和国民法典》婚姻家庭编的解释（一）

（2020年12月25日最高人民法院审判委员会第1825次会议通过　2020年12月29日最高人民法院公告公布　自2021年1月1日起施行　法释〔2020〕22号）

为正确审理婚姻家庭纠纷案件，根据《中华人民共和国民法典》《中华人民共和国民事诉讼法》等相关法律规定，结合审判实践，制定本解释。

一、一般规定

第1条　持续性、经常性的家庭暴力，可以认定为民法典第一千零四十二条、第一千零七十九条、第一千零九十一条所称的“虐待”。

第2条　民法典第一千零四十二条、第一千零七十九条、第一千零九十一条规定的“与他人同居”的情形，是指有配偶者与婚外异性，不以夫妻名义，持续、稳定地共同居住。

第3条　当事人提起诉讼仅请求解除同居关系的，人民法院不予受理；已经受理的，裁定驳回起诉。

当事人因同居期间财产分割或者子女抚养纠纷提起诉讼的，人民法院应当受理。

第4条　当事人仅以民法典第一千零四十三条为依据提起诉讼的，人民法院不予受理；已经受理的，裁定驳回起诉。

第5条　当事人请求返还按照习俗给付的彩礼的，如果查明属于以下情形，人民法院应当予以支持：

（一）双方未办理结婚登记手续；

（二）双方办理结婚登记手续但确未共同生活；

（三）婚前给付并导致给付人生活困难。

适用前款第二项、第三项的规定，应当以双方离婚为条件。

二、结婚

第6条 男女双方依据民法典第一千零四十九条规定补办结婚登记的，婚姻关系的效力从双方均符合民法典所规定的结婚的实质要件时起算。

第7条 未依据民法典第一千零四十九条规定办理结婚登记而以夫妻名义共同生活的男女，提起诉讼要求离婚的，应当区别对待：

（一）1994年2月1日民政部《婚姻登记管理条例》公布实施以前，男女双方已经符合结婚实质要件的，按事实婚姻处理。

（二）1994年2月1日民政部《婚姻登记管理条例》公布实施以后，男女双方符合结婚实质要件的，人民法院应当告知其补办结婚登记。未补办结婚登记的，依据本解释第三条规定处理。

第8条 未依据民法典第一千零四十九条规定办理结婚登记而以夫妻名义共同生活的男女，一方死亡，另一方以配偶身份主张享有继承权的，依据本解释第七条的原则处理。

第9条 有权依据民法典第一千零五十一条规定向人民法院就已办理结婚登记的婚姻请求确认婚姻无效的主体，包括婚姻当事人及利害关系人。其中，利害关系人包括：

（一）以重婚为由的，为当事人的近亲属及基层组织；

（二）以未到法定婚龄为由的，为未到法定婚龄者的近亲属；

（三）以有禁止结婚的亲属关系为由的，为当事人的近亲属。

第10条 当事人依据民法典第一千零五十一条规定向人民法院

请求确认婚姻无效，法定的无效婚姻情形在提起诉讼时已经消失的，人民法院不予支持。

第 11 条 人民法院受理请求确认婚姻无效案件后，原告申请撤诉的，不予准许。

对婚姻效力的审理不适用调解，应当依法作出判决。

涉及财产分割和子女抚养的，可以调解。调解达成协议的，另行制作调解书；未达成调解协议的，应当一并作出判决。

第 12 条 人民法院受理离婚案件后，经审理确属无效婚姻的，应当将婚姻无效的情形告知当事人，并依法作出确认婚姻无效的判决。

第 13 条 人民法院就同一婚姻关系分别受理了离婚和请求确认婚姻无效案件的，对于离婚案件的审理，应当待请求确认婚姻无效案件作出判决后进行。

第 14 条 夫妻一方或者双方死亡后，生存一方或者利害关系人依据民法典第一千零五十一条的规定请求确认婚姻无效的，人民法院应当受理。

第 15 条 利害关系人依据民法典第一千零五十一条的规定，请求人民法院确认婚姻无效的，利害关系人为原告，婚姻关系当事人双方为被告。

夫妻一方死亡的，生存一方为被告。

第 16 条 人民法院审理重婚导致的无效婚姻案件时，涉及财产处理的，应当准许合法婚姻当事人作为有独立请求权的第三人参加诉讼。

第 17 条 当事人以民法典第一千零五十一条规定的三种无效婚姻以外的情形请求确认婚姻无效的，人民法院应当判决驳回当事人的诉讼请求。

当事人以结婚登记程序存在瑕疵为由提起民事诉讼，主张撤销结婚登记的，告知其可以依法申请行政复议或者提起行政诉讼。

第 18 条 行为人以给另一方当事人或者其近亲属的生命、身体、健康、名誉、财产等方面造成损害为要挟，迫使另一方当事人违背真实意愿结婚的，可以认定为民法典第一千零五十二条所称的“胁迫”。

因受胁迫而请求撤销婚姻的，只能是受胁迫一方的婚姻关系当事人本人。

第 19 条 民法典第一千零五十二条规定的“一年”，不适用诉讼时效中止、中断或者延长的规定。

受胁迫或者被非法限制人身自由的当事人请求撤销婚姻的，不适用民法典第一百五十二条第二款的规定。

第 20 条 民法典第一千零五十四条所规定的“自始没有法律约束力”，是指无效婚姻或者可撤销婚姻在依法被确认无效或者被撤销时，才确定该婚姻自始不受法律保护。

第 21 条 人民法院根据当事人的请求，依法确认婚姻无效或者撤销婚姻的，应当收缴双方的结婚证书并将生效的判决书寄送当地婚姻登记管理机关。

第 22 条 被确认无效或者被撤销的婚姻，当事人同居期间所得的财产，除有证据证明为当事人一方所有的以外，按共同共有处理。

三、夫妻关系

第 23 条 夫以妻擅自中止妊娠侵犯其生育权为由请求损害赔偿的，人民法院不予支持；夫妻双方因是否生育发生纠纷，致使感情确已破裂，一方请求离婚的，人民法院经调解无效，应依照民法典第一千零七十九条第三款第五项的规定处理。

第 24 条 民法典第一千零六十二条第一款第三项规定的“知识产权的收益”，是指婚姻关系存续期间，实际取得或者已经明确可以取得的财产性收益。

第 25 条 婚姻关系存续期间，下列财产属于民法典第一千零六十二条规定的“其他应当归共同所有的财产”：

（一）一方以个人财产投资取得的收益；

（二）男女双方实际取得或者应当取得的住房补贴、住房公积金；

（三）男女双方实际取得或者应当取得的基本养老金、破产安置补偿费。

第 26 条 夫妻一方个人财产在婚后产生的收益，除孳息和自然增值外，应认定为夫妻共同财产。

第 27 条 由一方婚前承租、婚后用共同财产购买的房屋，登记在一方名下的，应当认定为夫妻共同财产。

第 28 条 一方未经另一方同意出售夫妻共同所有的房屋，第三人善意购买、支付合理对价并已办理不动产登记，另一方主张追回该房屋的，人民法院不予支持。

夫妻一方擅自处分共同所有的房屋造成另一方损失，离婚时另一方请求赔偿损失的，人民法院应予支持。

第 29 条 当事人结婚前，父母为双方购置房屋出资的，该出资应当认定为对自己子女个人的赠与，但父母明确表示赠与双方的除外。

当事人结婚后，父母为双方购置房屋出资的，依照约定处理；没有约定或者约定不明确的，按照民法典第一千零六十二条第一款第四项规定的原则处理。

第 30 条 军人的伤亡保险金、伤残补助金、医药生活补助费属于个人财产。

第 31 条 民法典第一千零六十三条规定为夫妻一方的个人财产，不因婚姻关系的延续而转化为夫妻共同财产。但当事人另有约定的除外。

第32条 婚前或者婚姻关系存续期间，当事人约定将一方所有的房产赠与另一方或者共有，赠与方在赠与房产变更登记之前撤销赠与，另一方请求判令继续履行的，人民法院可以按照民法典第六百五十八条的规定处理。

第33条 债权人就一方婚前所负个人债务向债务人的配偶主张权利的，人民法院不予支持。但债权人能够证明所负债务用于婚后家庭共同生活的除外。

第34条 夫妻一方与第三人串通，虚构债务，第三人主张该债务为夫妻共同债务的，人民法院不予支持。

夫妻一方在从事赌博、吸毒等违法犯罪活动中所负债务，第三人主张该债务为夫妻共同债务的，人民法院不予支持。

第35条 当事人的离婚协议或者人民法院生效判决、裁定、调解书已经对夫妻财产分割问题作出处理的，债权人仍有权就夫妻共同债务向男女双方主张权利。

一方就夫妻共同债务承担清偿责任后，主张由另一方按照离婚协议或者人民法院的法律文书承担相应债务的，人民法院应予支持。

第36条 夫或者妻一方死亡的，生存一方应当对婚姻关系存续期间的夫妻共同债务承担清偿责任。

第37条 民法典第一千零六十五条第三款所称“相对人知道该约定的”，夫妻一方对此负有举证责任。

第38条 婚姻关系存续期间，除民法典第一千零六十六条规定情形以外，夫妻一方请求分割共同财产的，人民法院不予支持。

四、父母子女关系

第39条 父或者母向人民法院起诉请求否认亲子关系，并已提供必要证据予以证明，另一方没有相反证据又拒绝做亲子鉴定的，人民法院可以认定否认亲子关系一方的主张成立。

父或者母以及成年子女起诉请求确认亲子关系，并提供必要证据予以证明，另一方没有相反证据又拒绝做亲子鉴定的，人民法院可以认定确认亲子关系一方的主张成立。

第 40 条 婚姻关系存续期间，夫妻双方一致同意进行人工授精，所生子女应视为婚生子女，父母子女间的权利义务关系适用民法典的有关规定。

第 41 条 尚在校接受高中及其以下学历教育，或者丧失、部分丧失劳动能力等非因主观原因而无法维持正常生活的成年子女，可以认定为民法典第一千零六十七条规定的“不能独立生活的成年子女”。

第 42 条 民法典第一千零六十七条所称“抚养费”，包括子女生活费、教育费、医疗费等费用。

第 43 条 婚姻关系存续期间，父母双方或者一方拒不履行抚养子女义务，未成年子女或者不能独立生活的成年子女请求支付抚养费的，人民法院应予支持。

第 44 条 离婚案件涉及未成年子女抚养的，对不满两周岁的子女，按照民法典第一千零八十四条第三款规定的原则处理。母亲有下列情形之一，父亲请求直接抚养的，人民法院应予支持：

（一）患有久治不愈的传染性疾病或者其他严重疾病，子女不宜与其共同生活；

（二）有抚养条件不尽抚养义务，而父亲要求子女随其生活；

（三）因其他原因，子女确不宜随母亲生活。

第 45 条 父母双方协议不满两周岁子女由父亲直接抚养，并对子女健康成长无不利影响的，人民法院应予支持。

第 46 条 对已满两周岁的未成年子女，父母均要求直接抚养，一方有下列情形之一的，可予优先考虑：

（一）已做绝育手术或者因其他原因丧失生育能力；

（二）子女随其生活时间较长，改变生活环境对子女健康成长明显不利；

（三）无其他子女，而另一方有其他子女；

（四）子女随其生活，对子女成长有利，而另一方患有久治不愈的传染性疾病或者其他严重疾病，或者有其他不利于子女身心健康的情形，不宜与子女共同生活。

第 47 条 父母抚养子女的条件基本相同，双方均要求直接抚养子女，但子女单独随祖父母或者外祖父母共同生活多年，且祖父母或者外祖父母要求并且有能力帮助子女照顾孙子女或者外孙子女的，可以作为父或者母直接抚养子女的优先条件予以考虑。

第 48 条 在有利于保护子女利益的前提下，父母双方协议轮流直接抚养子女的，人民法院应予支持。

第 49 条 抚养费的数额，可以根据子女的实际需要、父母双方的负担能力和当地的实际生活水平确定。

有固定收入的，抚养费一般可以按其月总收入的百分之二十至三十的比例给付。负担两个以上子女抚养费的，比例可以适当提高，但一般不得超过月总收入的百分之五十。

无固定收入的，抚养费的数额可以依据当年总收入或者同行业平均收入，参照上述比例确定。

有特殊情况的，可以适当提高或者降低上述比例。

第 50 条 抚养费应当定期给付，有条件的可以一次性给付。

第 51 条 父母一方无经济收入或者下落不明的，可以用其财物折抵抚养费。

第 52 条 父母双方可以协议由一方直接抚养子女并由直接抚养方负担子女全部抚养费。但是，直接抚养方的抚养能力明显不能保障子女所需费用，影响子女健康成长的，人民法院不予支持。

第 53 条 抚养费的给付期限，一般至子女十八周岁为止。

十六周岁以上不满十八周岁，以其劳动收入为主要生活来源，并能维持当地一般生活水平的，父母可以停止给付抚养费。

第 54 条 生父与继母离婚或者生母与继父离婚时，对曾受其抚养教育的继子女，继父或者继母不同意继续抚养的，仍应由生父或者生母抚养。

第 55 条 离婚后，父母一方要求变更子女抚养关系的，或者子女要求增加抚养费的，应当另行提起诉讼。

第 56 条 具有下列情形之一，父母一方要求变更子女抚养关系的，人民法院应予支持：

（一）与子女共同生活的一方因患严重疾病或者因伤残无力继续抚养子女；

（二）与子女共同生活的一方不尽抚养义务或有虐待子女行为，或者其与子女共同生活对子女身心健康确有不利影响；

（三）已满八周岁的子女，愿随另一方生活，该方又有抚养能力；

（四）有其他正当理由需要变更。

第 57 条 父母双方协议变更子女抚养关系的，人民法院应予支持。

第 58 条 具有下列情形之一，子女要求有负担能力的父或者母增加抚养费的，人民法院应予支持：

（一）原定抚养费数额不足以维持当地实际生活水平；

（二）因子女患病、上学，实际需要已超过原定数额；

（三）有其他正当理由应当增加。

第 59 条 父母不得因子女变更姓氏而拒付子女抚养费。父或者母擅自将子女姓氏改为继母或继父姓氏而引起纠纷的，应当责令恢复原姓氏。

第 60 条 在离婚诉讼期间，双方均拒绝抚养子女的，可以先行裁定暂由一方抚养。

第 61 条 对拒不履行或者妨害他人履行生效判决、裁定、调解书中有关子女抚养义务的当事人或者其他人，人民法院可依照民事诉讼法第一百一十一条的规定采取强制措施。

五、离婚

第 62 条 无民事行为能力人的配偶有民法典第三十六条第一款规定行为，其他有监护资格的人可以要求撤销其监护资格，并依法指定新的监护人；变更后的监护人代理无民事行为能力一方提起离婚诉讼的，人民法院应予受理。

第 63 条 人民法院审理离婚案件，符合民法典第一千零七十九条第三款规定“应当准予离婚”情形的，不应当因当事人有过错而判决不准离婚。

第 64 条 民法典第一千零八十一条所称的“军人一方有重大过错”，可以依据民法典第一千零七十九条第三款前三项规定及军人有其他重大过错导致夫妻感情破裂的情形予以判断。

第 65 条 人民法院作出的生效的离婚判决中未涉及探望权，当事人就探望权问题单独提起诉讼的，人民法院应予受理。

第 66 条 当事人在履行生效判决、裁定或者调解书的过程中，一方请求中止探望的，人民法院在征询双方当事人意见后，认为需要中止探望的，依法作出裁定；中止探望的情形消失后，人民法院应当根据当事人的请求书面通知其恢复探望。

第 67 条 未成年子女、直接抚养子女的父或者母以及其他对未成年子女负担抚养、教育、保护义务的法定监护人，有权向人民法院提出中止探望的请求。

第 68 条 对于拒不协助另一方行使探望权的有关个人或者组织，可以由人民法院依法采取拘留、罚款等强制措施，但是不能对子女的人身、探望行为进行强制执行。

第 69 条 当事人达成的以协议离婚或者到人民法院调解离婚为条件的财产以及债务处理协议，如果双方离婚未成，一方在离婚诉讼中反悔的，人民法院应当认定该财产以及债务处理协议没有生效，并根据实际情况依照民法典第一千零八十七条和第一千零八十九条的规定判决。

当事人依照民法典第一千零七十六条签订的离婚协议中关于财产以及债务处理的条款，对男女双方具有法律约束力。登记离婚后当事人因履行上述协议发生纠纷提起诉讼的，人民法院应当受理。

第 70 条 夫妻双方协议离婚后就财产分割问题反悔，请求撤销财产分割协议的，人民法院应当受理。

人民法院审理后，未发现订立财产分割协议时存在欺诈、胁迫等情形的，应当依法驳回当事人的诉讼请求。

第 71 条 人民法院审理离婚案件，涉及分割发放到军人名下的复员费、自主择业费等一次性费用的，以夫妻婚姻关系存续年限乘以年平均值，所得数额为夫妻共同财产。

前款所称年平均值，是指将发放到军人名下的上述费用总额按具体年限均分得出的数额。其具体年限为人均寿命七十岁与军人入伍时实际年龄的差额。

第 72 条 夫妻双方分割共同财产中的股票、债券、投资基金份额等有价证券以及未上市股份有限公司股份时，协商不成或者按市价分配有困难的，人民法院可以根据数量按比例分配。

第 73 条 人民法院审理离婚案件，涉及分割夫妻共同财产中以一方名义在有限责任公司的出资额，另一方不是该公司股东的，按以下情形分别处理：

（一）夫妻双方协商一致将出资额部分或者全部转让给该股东的配偶，其他股东过半数同意，并且其他股东均明确表示放弃优先购买权的，该股东的配偶可以成为该公司股东；

（二）夫妻双方就出资额转让份额和转让价格等事项协商一致后，其他股东半数以上不同意转让，但愿意以同等条件购买该出资额的，人民法院可以对转让出资所得财产进行分割。其他股东半数以上不同意转让，也不愿意以同等条件购买该出资额的，视为其同意转让，该股东的配偶可以成为该公司股东。

用于证明前款规定的股东同意的证据，可以是股东会议材料，也可以是当事人通过其他合法途径取得的股东的书面声明材料。

第74条 人民法院审理离婚案件，涉及分割夫妻共同财产中以一方名义在合伙企业中的出资，另一方不是该企业合伙人的，当夫妻双方协商一致，将其合伙企业中的财产份额全部或者部分转让给对方时，按以下情形分别处理：

（一）其他合伙人一致同意的，该配偶依法取得合伙人地位；

（二）其他合伙人不同意转让，在同等条件下行使优先购买权的，可以对转让所得的财产进行分割；

（三）其他合伙人不同意转让，也不行使优先购买权，但同意该合伙人退伙或者削减部分财产份额的，可以对结算后的财产进行分割；

（四）其他合伙人既不同意转让，也不行使优先购买权，又不同意该合伙人退伙或者削减部分财产份额的，视为全体合伙人同意转让，该配偶依法取得合伙人地位。

第75条 夫妻以一方名义投资设立个人独资企业的，人民法院分割夫妻在该个人独资企业中的共同财产时，应当按照以下情形分别处理：

（一）一方主张经营该企业的，对企业资产进行评估后，由取得企业资产所有权一方给予另一方相应的补偿；

（二）双方均主张经营该企业的，在双方竞价基础上，由取得企业资产所有权的一方给予另一方相应的补偿；

（三）双方均不愿意经营该企业的，按照《中华人民共和国个人独资企业法》等有关规定办理。

第 76 条 双方对夫妻共同财产中的房屋价值及归属无法达成协议时，人民法院按以下情形分别处理：

（一）双方均主张房屋所有权并且同意竞价取得的，应当准许；

（二）一方主张房屋所有权的，由评估机构按市场价格对房屋作出评估，取得房屋所有权的一方应当给予另一方相应的补偿；

（三）双方均不主张房屋所有权的，根据当事人的申请拍卖、变卖房屋，就所得价款进行分割。

第 77 条 离婚时双方对尚未取得所有权或者尚未取得完全所有权的房屋有争议且协商不成的，人民法院不宜判决房屋所有权的归属，应当根据实际情况判决由当事人使用。

当事人就前款规定的房屋取得完全所有权后，有争议的，可以另行向人民法院提起诉讼。

第 78 条 夫妻一方婚前签订不动产买卖合同，以个人财产支付首付款并在银行贷款，婚后用夫妻共同财产还贷，不动产登记于首付款支付方名下的，离婚时该不动产由双方协议处理。

依前款规定不能达成协议的，人民法院可以判决该不动产归登记一方，尚未归还的贷款为不动产登记一方的个人债务。双方婚后共同还贷支付的款项及其相对应财产增值部分，离婚时应根据民法典第一千零八十七条第一款规定的原则，由不动产登记一方对另一方进行补偿。

第 79 条 婚姻关系存续期间，双方用夫妻共同财产出资购买以一方父母名义参加房改的房屋，登记在一方父母名下，离婚时另一方主张按照夫妻共同财产对该房屋进行分割的，人民法院不予支持。购买该房屋时的出资，可以作为债权处理。

第 80 条 离婚时夫妻一方尚未退休、不符合领取基本养老金条件，另一方请求按照夫妻共同财产分割基本养老金的，人民法院不予支持；婚后以夫妻共同财产缴纳基本养老保险费，离婚时一方主张将养老金账户中婚姻关系存续期间个人实际缴纳部分及利息作为夫妻共同财产分割的，人民法院应予支持。

第 81 条 婚姻关系存续期间，夫妻一方作为继承人依法可以继承的遗产，在继承人之间尚未实际分割，起诉离婚时另一方请求分割的，人民法院应当告知当事人在继承人之间实际分割遗产后另行起诉。

第 82 条 夫妻之间订立借款协议，以夫妻共同财产出借给一方从事个人经营活动或者用于其他个人事务的，应视为双方约定处分夫妻共同财产的行为，离婚时可以按照借款协议的约定处理。

第 83 条 离婚后，一方以尚有夫妻共同财产未处理为由向人民法院起诉请求分割的，经审查该财产确属离婚时未涉及的夫妻共同财产，人民法院应当依法予以分割。

第 84 条 当事人依据民法典第一千零九十二条的规定向人民法院提起诉讼，请求再次分割夫妻共同财产的诉讼时效期间为三年，从当事人发现之日起计算。

第 85 条 夫妻一方申请对配偶的个人财产或者夫妻共同财产采取保全措施的，人民法院可以在采取保全措施可能造成损失的范围内，根据实际情况，确定合理的财产担保数额。

第 86 条 民法典第一千零九十一条规定的“损害赔偿”，包括物质损害赔偿和精神损害赔偿。涉及精神损害赔偿的，适用《最高人民法院关于确定民事侵权精神损害赔偿责任若干问题的解释》的有关规定。

第 87 条 承担民法典第一千零九十一条规定的损害赔偿责任的主体，为离婚诉讼当事人中无过错方的配偶。

人民法院判决不准离婚的案件，对于当事人基于民法典第一千零九十一条提出的损害赔偿请求，不予支持。

在婚姻关系存续期间，当事人不起诉离婚而单独依据民法典第一千零九十一条提起损害赔偿请求的，人民法院不予受理。

第 88 条 人民法院受理离婚案件时，应当将民法典第一千零九十一条等规定中当事人的有关权利义务，书面告知当事人。在适用民法典第一千零九十一条时，应当区分以下不同情况：

（一）符合民法典第一千零九十一条规定的无过错方作为原告基于该条规定向人民法院提起损害赔偿请求的，必须在离婚诉讼的同时提出。

（二）符合民法典第一千零九十一条规定的无过错方作为被告的离婚诉讼案件，如果被告不同意离婚也不基于该条规定提起损害赔偿请求的，可以就此单独提起诉讼。

（三）无过错方作为被告的离婚诉讼案件，一审时被告未基于民法典第一千零九十一条规定提出损害赔偿请求，二审期间提出的，人民法院应当进行调解；调解不成的，告知当事人另行起诉。双方当事人同意由第二审人民法院一并审理的，第二审人民法院可以一并裁判。

第 89 条 当事人在婚姻登记机关办理离婚登记手续后，以民法典第一千零九十一条规定为由向人民法院提出损害赔偿请求的，人民法院应当受理。但当事人在协议离婚时已经明确表示放弃该项请求的，人民法院不予支持。

第 90 条 夫妻双方均有民法典第一千零九十一条规定的过错情形，一方或者双方向对方提出离婚损害赔偿请求的，人民法院不予支持。

六、附则

第 91 条 本解释自 2021 年 1 月 1 日起施行。

民法典　继承编

第一章　一般规定

第二章　法定继承

第三章　遗嘱继承和遗赠

第四章　遗产的处理

第一章　一般规定

第 1119 条
继承编的调整范围

本编调整因继承产生的民事关系。

第 1120 条
继承权的保护

国家保护自然人的继承权。

第 1121 条
继承的开始时间和死亡时间的推定

❶ 继承从被继承人死亡时开始。

❷ 相互有继承关系的数人在同一事件中死亡，难以确定死亡时间的，推定没有其他继承人的人先死亡。都有其他继承人，辈份不同的，推定长辈先死亡；辈份相同的，推定同时死亡，相互不发生继承。

第 1122 条
遗产的范围

❶ 遗产是自然人死亡时遗留的个人合法财产。

❷ 依照法律规定或者根据其性质不得继承的遗产，不得继承。

第 1123 条
法定继承、遗嘱继承、遗赠和遗赠扶养协议的效力

继承开始后，按照法定继承办理；有遗嘱的，按照遗嘱继承或者遗赠办理；有遗赠扶养协议的，按照协议办理。

第 1124 条
继承和遗赠的接受和放弃

❶ 继承开始后，继承人放弃继承的，应当在遗产处理前，以书面形式作出放弃继承的表示；没有表示的，视为接受继承。

❷ 受遗赠人应当在知道受遗赠后六十日内，作出接受或者放弃受遗赠的表示；到期没有表示的，视为放弃受遗赠。

第 1125 条
继承权的丧失

❶ 继承人有下列行为之一的，丧失继承权：
（一）故意杀害被继承人；
（二）为争夺遗产而杀害其他继承人；
（三）遗弃被继承人，或者虐待被继承人情节严重；
（四）伪造、篡改、隐匿或者销毁遗嘱，情节严重；
（五）以欺诈、胁迫手段迫使或者妨碍被继承人设立、变更或者撤回遗嘱，情节严重。
❷ 继承人有前款第三项至第五项行为，确有悔改表现，被继承人表示宽恕或者事后在遗嘱中将其列为继承人的，该继承人不丧失继承权。
❸ 受遗赠人有本条第一款规定行为的，丧失受遗赠权。

MON TUE WED THU FRI SAT SUN
JAN FEB MAR APR MAY JUNE JULY AUG SEPT OCT NOV DEC
1 2 3 4 5 6 7 8 9 10 11 12 13 14 15 16 17 18 19 20 21 22 23 24 25 26 27 28 29 30 31

第二章　法定继承

第 1126 条
继承权男女平等原则

继承权男女平等。

第 1127 条
继承人的范围及继承顺序

❶ 遗产按照下列顺序继承：
（一）第一顺序：配偶、子女、父母；
（二）第二顺序：兄弟姐妹、祖父母、外祖父母。

❷ 继承开始后，由第一顺序继承人继承，第二顺序继承人不继承；没有第一顺序继承人继承的，由第二顺序继承人继承。

❸ 本编所称子女，包括婚生子女、非婚生子女、养子女和有扶养关系的继子女。

❹ 本编所称父母，包括生父母、养父母和有扶养关系的继父母。

❺ 本编所称兄弟姐妹，包括同父母的兄弟姐妹、同父异母或者同母异父的兄弟姐妹、养兄弟姐妹、有扶养关系的继兄弟姐妹。

第 1128 条
代位继承

❶ 被继承人的子女先于被继承人死亡的，由被继承人的子女的直系晚辈血亲代位继承。

❷ 被继承人的兄弟姐妹先于被继承人死亡的，由被继承人的兄弟姐妹的子女代位继承。

MON TUE WED THU FRI SAT SUN

JAN FEB MAR APR MAY JUNE JULY AUG SEPT OCT NOV DEC

1 2 3 4 5 6 7 8 9 10 11 12 13 14 15 16 17 18 19 20 21 22 23 24 25 26 27 28 29 30 31

③ 代位继承人一般只能继承被代位继承人有权继承的遗产份额。

第 1129 条
丧偶儿媳、女婿的继承权

丧偶儿媳对公婆，丧偶女婿对岳父母，尽了主要赡养义务的，作为第一顺序继承人。

第 1130 条
遗产分配规则

① 同一顺序继承人继承遗产的份额，一般应当均等。

② 对生活有特殊困难又缺乏劳动能力的继承人，分配遗产时，应当予以照顾。

③ 对被继承人尽了主要扶养义务或者与被继承人共同生活的继承人，分配遗产时，可以多分。

④ 有扶养能力和有扶养条件的继承人，不尽扶养义务的，分配遗产时，应当不分或者少分。

⑤ 继承人协商同意的，也可以不均等。

第 1131 条
酌情分得遗产权

对继承人以外的依靠被继承人扶养的人，或者继承人以外的对被继承人扶养较多的人，可以分给适当的遗产。

第 1132 条
继承的处理方式

继承人应当本着互谅互让、和睦团结的精神，协商处理继承问题。遗产分割的时间、办法和份额，由继承人协商确定；协商不成的，可以由人民调解委员会调解或者向人民法院提起诉讼。

MON TUE WED THU FRI SAT SUN

JAN FEB MAR APR MAY JUNE JULY AUG SEPT OCT NOV DEC

1 2 3 4 5 6 7 8 9 10 11 12 13 14 15 16 17 18 19 20 21 22 23 24 25 26 27 28 29 30 31

第三章　遗嘱继承和遗赠

第 1133 条
遗嘱处分个人财产

❶ 自然人可以依照本法规定立遗嘱处分个人财产，并可以指定遗嘱执行人。

❷ 自然人可以立遗嘱将个人财产指定由法定继承人中的一人或者数人继承。

❸ 自然人可以立遗嘱将个人财产赠与国家、集体或者法定继承人以外的组织、个人。

❹ 自然人可以依法设立遗嘱信托。

第 1134 条
自书遗嘱

自书遗嘱由遗嘱人亲笔书写，签名，注明年、月、日。

第 1135 条
代书遗嘱

代书遗嘱应当有两个以上见证人在场见证，由其中一人代书，并由遗嘱人、代书人和其他见证人签名，注明年、月、日。

第 1136 条
打印遗嘱

打印遗嘱应当有两个以上见证人在场见证。遗嘱人和见证人应当在遗嘱每一页签名，注明年、月、日。

第 1137 条
录音录像遗嘱

以录音录像形式立的遗嘱，应当有两个以上见证人在场见证。遗嘱人和见证人应当在录音录像中记录其姓名或者肖像，以及年、月、日。

MON TUE WED THU FRI SAT SUN
JAN FEB MAR APR MAY JUNE JULY AUG SEPT OCT NOV DEC
1 2 3 4 5 6 7 8 9 10 11 12 13 14 15 16 17 18 19 20 21 22 23 24 25 26 27 28 29 30 31

第 1138 条
口头遗嘱

遗嘱人在危急情况下，可以立口头遗嘱。口头遗嘱应当有两个以上见证人在场见证。危急情况消除后，遗嘱人能够以书面或者录音录像形式立遗嘱的，所立的口头遗嘱无效。

第 1139 条
公证遗嘱

公证遗嘱由遗嘱人经公证机构办理。

第 1140 条
作为遗嘱见证人的消极条件

下列人员不能作为遗嘱见证人：
（一）无民事行为能力人、限制民事行为能力人以及其他不具有见证能力的人；
（二）继承人、受遗赠人；
（三）与继承人、受遗赠人有利害关系的人。

第 1141 条
必留份

遗嘱应当为缺乏劳动能力又没有生活来源的继承人保留必要的遗产份额。

第 1142 条
遗嘱的撤回与变更

❶ 遗嘱人可以撤回、变更自己所立的遗嘱。
❷ 立遗嘱后，遗嘱人实施与遗嘱内容相反的民事法律行为的，视为对遗嘱相关内容的撤回。
❸ 立有数份遗嘱，内容相抵触的，以最后的遗嘱为准。

第 1143 条
遗嘱无效的情形

❶ 无民事行为能力人或者限制民事行为能力人所立的遗嘱无效。

MON TUE WED THU FRI SAT SUN

JAN FEB MAR APR MAY JUNE JULY AUG SEPT OCT NOV DEC

1 2 3 4 5 6 7 8 9 10 11 12 13 14 15 16 17 18 19 20 21 22 23 24 25 26 27 28 29 30 31

❷ 遗嘱必须表示遗嘱人的真实意思，受欺诈、胁迫所立的遗嘱无效。

❸ 伪造的遗嘱无效。

❹ 遗嘱被篡改的，篡改的内容无效。

第 1144 条
附义务的遗嘱继承或遗赠

遗嘱继承或者遗赠附有义务的，继承人或者受遗赠人应当履行义务。没有正当理由不履行义务的，经利害关系人或者有关组织请求，人民法院可以取消其接受附义务部分遗产的权利。

MON TUE WED THU FRI SAT SUN
JAN FEB MAR APR MAY JUNE JULY AUG SEPT OCT NOV DEC
1 2 3 4 5 6 7 8 9 10 11 12 13 14 15 16 17 18 19 20 21 22 23 24 25 26 27 28 29 30 31

第四章　遗产的处理

第 1145 条
遗产管理人的选任

继承开始后，遗嘱执行人为遗产管理人；没有遗嘱执行人的，继承人应当及时推选遗产管理人；继承人未推选的，由继承人共同担任遗产管理人；没有继承人或者继承人均放弃继承的，由被继承人生前住所地的民政部门或者村民委员会担任遗产管理人。

第 1146 条
法院指定遗产管理人

对遗产管理人的确定有争议的，利害关系人可以向人民法院申请指定遗产管理人。

第 1147 条
遗产管理人的职责

遗产管理人应当履行下列职责：
（一）清理遗产并制作遗产清单；
（二）向继承人报告遗产情况；
（三）采取必要措施防止遗产毁损、灭失；
（四）处理被继承人的债权债务；
（五）按照遗嘱或者依照法律规定分割遗产；
（六）实施与管理遗产有关的其他必要行为。

第 1148 条
遗产管理人的责任

遗产管理人应当依法履行职责，因故意或者重大过失造成继承人、受遗赠人、债权人损害的，应当承担民事责任。

MON TUE WED THU FRI SAT SUN

JAN FEB MAR APR MAY JUNE JULY AUG SEPT OCT NOV DEC

1 2 3 4 5 6 7 8 9 10 11 12 13 14 15 16 17 18 19 20 21 22 23 24 25 26 27 28 29 30 31

第 1149 条
遗产管理人的报酬

遗产管理人可以依照法律规定或者按照约定获得报酬。

第 1150 条
继承开始的通知

继承开始后，知道被继承人死亡的继承人应当及时通知其他继承人和遗嘱执行人。继承人中无人知道被继承人死亡或者知道被继承人死亡而不能通知的，由被继承人生前所在单位或者住所地的居民委员会、村民委员会负责通知。

第 1151 条
遗产的保管

存有遗产的人，应当妥善保管遗产，任何组织或者个人不得侵吞或者争抢。

第 1152 条
转继承

继承开始后，继承人于遗产分割前死亡，并没有放弃继承的，该继承人应当继承的遗产转给其继承人，但是遗嘱另有安排的除外。

第 1153 条
遗产的确定

❶ 夫妻共同所有的财产，除有约定的外，遗产分割时，应当先将共同所有的财产的一半分出为配偶所有，其余的为被继承人的遗产。

❷ 遗产在家庭共有财产之中的，遗产分割时，应当先分出他人的财产。

MON TUE WED THU FRI SAT SUN

JAN FEB MAR APR MAY JUNE JULY AUG SEPT OCT NOV DEC

1 2 3 4 5 6 7 8 9 10 11 12 13 14 15 16 17 18 19 20 21 22 23 24 25 26 27 28 29 30 31

第 1154 条
按法定继承办理

有下列情形之一的，遗产中的有关部分按照法定继承办理：
（一）遗嘱继承人放弃继承或者受遗赠人放弃受遗赠；
（二）遗嘱继承人丧失继承权或者受遗赠人丧失受遗赠权；
（三）遗嘱继承人、受遗赠人先于遗嘱人死亡或者终止；
（四）遗嘱无效部分所涉及的遗产；
（五）遗嘱未处分的遗产。

第 1155 条
胎儿预留份

遗产分割时，应当保留胎儿的继承份额。胎儿娩出时是死体的，保留的份额按照法定继承办理。

第 1156 条
遗产分割

❶ 遗产分割应当有利于生产和生活需要，不损害遗产的效用。
❷ 不宜分割的遗产，可以采取折价、适当补偿或者共有等方法处理。

第 1157 条
再婚时对所继承遗产的处分

夫妻一方死亡后另一方再婚的，有权处分所继承的财产，任何组织或者个人不得干涉。

第 1158 条
遗赠扶养协议

自然人可以与继承人以外的组织或者个人签订遗赠扶养协议。按照协议，该组织或者个人承担该自然人生养死葬的义务，享有受遗赠的权利。

MON TUE WED THU FRI SAT SUN

JAN FEB MAR APR MAY JUNE JULY AUG SEPT OCT NOV DEC

1 2 3 4 5 6 7 8 9 10 11 12 13 14 15 16 17 18 19 20 21 22 23 24 25 26 27 28 29 30 31

第 1159 条
遗产分割时的义务

分割遗产，应当清偿被继承人依法应当缴纳的税款和债务；但是，应当为缺乏劳动能力又没有生活来源的继承人保留必要的遗产。

第 1160 条
无人继承的遗产的处理

无人继承又无人受遗赠的遗产，归国家所有，用于公益事业；死者生前是集体所有制组织成员的，归所在集体所有制组织所有。

第 1161 条
限定继承

❶ 继承人以所得遗产实际价值为限清偿被继承人依法应当缴纳的税款和债务。超过遗产实际价值部分，继承人自愿偿还的不在此限。

❷ 继承人放弃继承的，对被继承人依法应当缴纳的税款和债务可以不负清偿责任。

第 1162 条
遗赠与遗产债务清偿

执行遗赠不得妨碍清偿遗赠人依法应当缴纳的税款和债务。

第 1163 条
既有法定继承又有遗嘱继承、遗赠时的债务清偿

既有法定继承又有遗嘱继承、遗赠的，由法定继承人清偿被继承人依法应当缴纳的税款和债务；超过法定继承遗产实际价值部分，由遗嘱继承人和受遗赠人按比例以所得遗产清偿。

MON TUE WED THU FRI SAT SUN

JAN FEB MAR APR MAY JUNE JULY AUG SEPT OCT NOV DEC

1 2 3 4 5 6 7 8 9 10 11 12 13 14 15 16 17 18 19 20 21 22 23 24 25 26 27 28 29 30 31

● 相关司法解释链接

最高人民法院关于适用《中华人民共和国民法典》继承编的解释（一）

（2020年12月25日最高人民法院审判委员会第1825次会议通过　2020年12月29日最高人民法院公告公布　自2021年1月1日起施行　法释〔2020〕23号）

为正确审理继承纠纷案件，根据《中华人民共和国民法典》等相关法律规定，结合审判实践，制定本解释。

一、一般规定

第1条　继承从被继承人生理死亡或者被宣告死亡时开始。

宣告死亡的，根据民法典第四十八条规定确定的死亡日期，为继承开始的时间。

第2条　承包人死亡时尚未取得承包收益的，可以将死者生前对承包所投入的资金和所付出的劳动及其增值和孳息，由发包单位或者接续承包合同的人合理折价、补偿。其价额作为遗产。

第3条　被继承人生前与他人订有遗赠扶养协议，同时又立有遗嘱的，继承开始后，如果遗赠扶养协议与遗嘱没有抵触，遗产分别按协议和遗嘱处理；如果有抵触，按协议处理，与协议抵触的遗嘱全部或者部分无效。

第4条　遗嘱继承人依遗嘱取得遗产后，仍有权依照民法典第一千一百三十条的规定取得遗嘱未处分的遗产。

第5条　在遗产继承中，继承人之间因是否丧失继承权发生纠纷，向人民法院提起诉讼的，由人民法院依据民法典第一千一百二十五条的规定，判决确认其是否丧失继承权。

第6条 继承人是否符合民法典第一千一百二十五条第一款第三项规定的“虐待被继承人情节严重”，可以从实施虐待行为的时间、手段、后果和社会影响等方面认定。

虐待被继承人情节严重的，不论是否追究刑事责任，均可确认其丧失继承权。

第7条 继承人故意杀害被继承人的，不论是既遂还是未遂，均应当确认其丧失继承权。

第8条 继承人有民法典第一千一百二十五条第一款第一项或者第二项所列之行为，而被继承人以遗嘱将遗产指定由该继承人继承的，可以确认遗嘱无效，并确认该继承人丧失继承权。

第9条 继承人伪造、篡改、隐匿或者销毁遗嘱，侵害了缺乏劳动能力又无生活来源的继承人的利益，并造成其生活困难的，应当认定为民法典第一千一百二十五条第一款第四项规定的“情节严重”。

二、法定继承

第10条 被收养人对养父母尽了赡养义务，同时又对生父母扶养较多的，除可以依照民法典第一千一百二十七条的规定继承养父母的遗产外，还可以依照民法典第一千一百三十一条的规定分得生父母适当的遗产。

第11条 继子女继承了继父母遗产的，不影响其继承生父母的遗产。

继父母继承了继子女遗产的，不影响其继承生子女的遗产。

第12条 养子女与生子女之间、养子女与养子女之间，系养兄弟姐妹，可以互为第二顺序继承人。

被收养人与其亲兄弟姐妹之间的权利义务关系，因收养关系的成立而消除，不能互为第二顺序继承人。

第 13 条 继兄弟姐妹之间的继承权，因继兄弟姐妹之间的扶养关系而发生。没有扶养关系的，不能互为第二顺序继承人。

继兄弟姐妹之间相互继承了遗产的，不影响其继承亲兄弟姐妹的遗产。

第 14 条 被继承人的孙子女、外孙子女、曾孙子女、外曾孙子女都可以代位继承，代位继承人不受辈数的限制。

第 15 条 被继承人的养子女、已形成扶养关系的继子女的生子女可以代位继承；被继承人亲生子女的养子女可以代位继承；被继承人养子女的养子女可以代位继承；与被继承人已形成扶养关系的继子女的养子女也可以代位继承。

第 16 条 代位继承人缺乏劳动能力又没有生活来源，或者对被继承人尽过主要赡养义务的，分配遗产时，可以多分。

第 17 条 继承人丧失继承权的，其晚辈直系血亲不得代位继承。如该代位继承人缺乏劳动能力又没有生活来源，或者对被继承人尽赡养义务较多的，可以适当分给遗产。

第 18 条 丧偶儿媳对公婆、丧偶女婿对岳父母，无论其是否再婚，依照民法典第一千一百二十九条规定作为第一顺序继承人时，不影响其子女代位继承。

第 19 条 对被继承人生活提供了主要经济来源，或者在劳务等方面给予了主要扶助的，应当认定其尽了主要赡养义务或主要扶养义务。

第 20 条 依照民法典第一千一百三十一条规定可以分给适当遗产的人，分给他们遗产时，按具体情况可以多于或者少于继承人。

第 21 条 依照民法典第一千一百三十一条规定可以分给适当遗产的人，在其依法取得被继承人遗产的权利受到侵犯时，本人有权以独立的诉讼主体资格向人民法院提起诉讼。

第 22 条 继承人有扶养能力和扶养条件，愿意尽扶养义务，但被继承人因有固定收入和劳动能力，明确表示不要求其扶养的，分配遗产时，一般不应因此而影响其继承份额。

第 23 条 有扶养能力和扶养条件的继承人虽然与被继承人共同生活，但对需要扶养的被继承人不尽扶养义务，分配遗产时，可以少分或者不分。

三、遗嘱继承和遗赠

第 24 条 继承人、受遗赠人的债权人、债务人，共同经营的合伙人，也应当视为与继承人、受遗赠人有利害关系，不能作为遗嘱的见证人。

第 25 条 遗嘱人未保留缺乏劳动能力又没有生活来源的继承人的遗产份额，遗产处理时，应当为该继承人留下必要的遗产，所剩余的部分，才可参照遗嘱确定的分配原则处理。

继承人是否缺乏劳动能力又没有生活来源，应当按遗嘱生效时该继承人的具体情况确定。

第 26 条 遗嘱人以遗嘱处分了国家、集体或者他人财产的，应当认定该部分遗嘱无效。

第 27 条 自然人在遗书中涉及死后个人财产处分的内容，确为死者的真实意思表示，有本人签名并注明了年、月、日，又无相反证据的，可以按自书遗嘱对待。

第 28 条 遗嘱人立遗嘱时必须具有完全民事行为能力。无民事行为能力人或者限制民事行为能力人所立的遗嘱，即使其本人后来具有完全民事行为能力，仍属无效遗嘱。遗嘱人立遗嘱时具有完全民事行为能力，后来成为无民事行为能力人或者限制民事行为能力人的，不影响遗嘱的效力。

第 29 条 附义务的遗嘱继承或者遗赠，如义务能够履行，而继承人、受遗赠人无正当理由不履行，经受益人或者其他继承人请求，人民法院可以取消其接受附义务部分遗产的权利，由提出请求的继承人或者受益人负责按遗嘱人的意愿履行义务，接受遗产。

四、遗产的处理

第 30 条 人民法院在审理继承案件时，如果知道有继承人而无法通知的，分割遗产时，要保留其应继承的遗产，并确定该遗产的保管人或者保管单位。

第 31 条 应当为胎儿保留的遗产份额没有保留的，应从继承人所继承的遗产中扣回。

为胎儿保留的遗产份额，如胎儿出生后死亡的，由其继承人继承；如胎儿娩出时是死体的，由被继承人的继承人继承。

第 32 条 继承人因放弃继承权，致其不能履行法定义务的，放弃继承权的行为无效。

第 33 条 继承人放弃继承应当以书面形式向遗产管理人或者其他继承人表示。

第 34 条 在诉讼中，继承人向人民法院以口头方式表示放弃继承的，要制作笔录，由放弃继承的人签名。

第 35 条 继承人放弃继承的意思表示，应当在继承开始后、遗产分割前作出。遗产分割后表示放弃的不再是继承权，而是所有权。

第 36 条 遗产处理前或者在诉讼进行中，继承人对放弃继承反悔的，由人民法院根据其提出的具体理由，决定是否承认。遗产处理后，继承人对放弃继承反悔的，不予承认。

第 37 条 放弃继承的效力，追溯到继承开始的时间。

第 38 条 继承开始后，受遗赠人表示接受遗赠，并于遗产分割前死亡的，其接受遗赠的权利转移给他的继承人。

第 39 条 由国家或者集体组织供给生活费用的烈属和享受社会救济的自然人，其遗产仍应准许合法继承人继承。

第 40 条 继承人以外的组织或者个人与自然人签订遗赠扶养协议后，无正当理由不履行，导致协议解除的，不能享有受遗赠的权利，其支付的供养费用一般不予补偿；遗赠人无正当理由不履行，导致协议解除的，则应当偿还继承人以外的组织或者个人已支付的供养费用。

第 41 条 遗产因无人继承又无人受遗赠归国家或者集体所有制组织所有时，按照民法典第一千一百三十一条规定可以分给适当遗产的人提出取得遗产的诉讼请求，人民法院应当视情况适当分给遗产。

第 42 条 人民法院在分割遗产中的房屋、生产资料和特定职业所需要的财产时，应当依据有利于发挥其使用效益和继承人的实际需要，兼顾各继承人的利益进行处理。

第 43 条 人民法院对故意隐匿、侵吞或者争抢遗产的继承人，可以酌情减少其应继承的遗产。

第 44 条 继承诉讼开始后，如继承人、受遗赠人中有既不愿参加诉讼，又不表示放弃实体权利的，应当追加为共同原告；继承人已书面表示放弃继承、受遗赠人在知道受遗赠后六十日内表示放弃受遗赠或者到期没有表示的，不再列为当事人。

五、附则

第 45 条 本解释自 2021 年 1 月 1 日起施行。

图书在版编目（CIP）数据

中华人民共和国民法典随身笔记．总则编·婚姻家庭编·继承编：含司法解释 / 中国法制出版社编．— 北京：中国法制出版社，2021.6

ISBN 978-7-5216-1902-7

Ⅰ．①中…　Ⅱ．①中…　Ⅲ．①民法—法典—法律解释—中国②婚姻法—法律解释—中国③继承法—法律解释—中国 Ⅳ．①D923.05

中国版本图书馆 CIP 数据核字（2021）第 103339 号

责任编辑：唐　鹍　成知博　　　　封面设计：蒋　怡　杨鑫宇

中华人民共和国民法典随身笔记．总则编·婚姻家庭编·继承编：含司法解释

ZHONGHUA RENMIN GONGHEGUO MINFADIAN SUISHEN BIJI. ZONGZEBIAN · HUNYIN JIATINGBIAN · JICHENGBIAN : HAN SIFA JIESHI

编者 / 中国法制出版社

经销 / 新华书店

印刷 / 三河市紫恒印装有限公司

开本 / 880 毫米 ×1230 毫米　32 开　　　　印张 / 7　字数 / 151 千

版次 / 2021 年 6 月第 1 版　　　　2021 年 6 月第 1 次印刷

中国法制出版社出版

书号 ISBN 978-7-5216-1902-7　　　　定价：58.00 元

北京西单横二条 2 号　邮政编码 100031　　　　传真：010-66031119

网址：http://www.zgfzs.com　　　　**编辑部电话：010-66026587**

市场营销部电话：010-66033393　　　　**邮购部电话：010-66033288**

（如有印装质量问题，请与本社印务部联系调换。电话：010-66032926）